Teacher's Edition

HOLT SPANISH 1

¡Exprésate!

Cuaderno para hispanohablantes

HOLT, RINEHART AND WINSTON

A Harcourt Education Company

Orlando • **Austin** • New York • San Diego • Toronto • London

Author of Lecturas

Sylvia Madrigal Velasco

Photography Credits

Abbreviations used: (t) top, (b) bottom, (c) center, (l) left, (r) right

9 Don Couch/HRWPhoto; Zefa Visual Media – Germany/Index Stock Imagery, Inc.; © Pixtal; © Pixtal; **10** Photodisc/gettyimages (t); Don Couch/HRW Photo (m); Don Couch/HRW Photo (b); **31** ©Stockbyte (t): Gary Russ/HRW Photo (m); Photodisc/gettyimages (b); **22** (tl), Bob Daemmrich/HRW; (bc) Michelle Bridwell/Frontera Fotos; **23** (tl), Peter Menzel/HRS; (bc), Corbis Images; **24** (tl), Bob Daemmrich/Stock Boston, Inc./Picture Quest; (bc), Corbis Images; **25** (tl), John Langford/HRW; (bc), Martha Granger Photography/HRW; **30** (tl)PhotoDisc/gettyimages; (tr) Keith Brofsky/PhotoDisc/gettyimages; **68** John Langford/HRW Photo (l); Don Couch/HRW Photo (m); Don Couch/HRW Photo (r); **90** (b), PhotoDisc/gettyimages; **114** © BananaStock Ltd.

Illustration Credits

Chapter Two: Page 19, HRW Art; **Chapter Four:** Pages 33, 34, 35, 36, 37, Jeff Moore; **Chapter Five:** Pages 45, 46, 47, 48, 49, Edson Campos; Page 54, Bryon Thompson; **Chapter Six:** Pages 58, 59, 60, 61, 65, Edson Campos; **Chapter Seven:** Pages 70, 71, 72, 73, Edson Campos; **Chapter Eight:** Pages 82, 83, 84, 85, Edson Campos; **Chapter Nine:** Pages 93, 94, 95, 96, 97, 101, Edson Campos; Page 102, Bryon Thompson; **Chapter Ten:** Pages 106, 107, 108, 109, Edson Campos

Printed in the United States of America

ISBN 0-03-074542-X

1 2 3 4 5 6 7 170 06 05 04

Contenido

Capítulo 1

Capítulo 2

Capítulo 3

Capítulo 4

Capítulo 5

Contenido

Capítulo 6

Capítulo 7

Capítulo 8

Capítulo 9

Capítulo 10

To The Teacher

If you are reading this, you are a teacher of Spanish as a foreign language and have in your classroom one or more students who are "heritage learners" of the language. As you know, a vast range of linguistic competencies exists within the group called "heritage learners." In addition, there are differences in ethnic and cultural background, nationality, length of residency in the United States, degree of formal schooling in Spanish, and amount of exposure to the Spanish language at home or in public settings.

What are you supposed to do? You want to maximize the heritage learner's potential in the study of Spanish, but the demands of the foreign language classroom don't allow for that kind of tailored instruction. Depending on your individual situation, you have a variety of choices.

If the population of heritage learners in your school is large enough, it would be important to institute a complete, articulated Native Speaker course using a program such as Holt, Rinehart & Winston's ***Nuevas vistas.*** However, if your population and budgets do not warrant this route, then it becomes critical that you formulate a plan to address the specific needs of the heritage learners who are grouped with non-native speakers in your foreign language classroom.

The ***¡Exprésate!*** program offers a series of two **Cuadernos para hispanohablantes,** one to accompany each of its first two levels. In these **Cuadernos,** you will find a variety of material that you can use as language-building supplements for the heritage learner.

The first two chapters of each **Cuaderno** are entitled ***"Las bases del español"***. These two chapters contain grammar explanations and activities exclusively. They can serve as "review", "refresher" or "reinforcement" for the heritage learner in your classroom.

The most important thing when working with heritage learners is to get and hold their interest. In this vein, the **Cuadernos** for Levels One and Two contain novellas that were written specifically to target the interest and motivation of Latino teenagers in an American setting. (In the **Cuaderno** for Level One, the novella is contained in Chapters 5-10, and in Level Two it is contained in Chapters 3-10.) Each chapter is told from the point of view of a different character. This technique highlights the trials and tribulations of each of the teens in a way that is filled with humor and angst. It also forces heritage learners to develop their critical-thinking skills. As in life, every person has a different version of the same story, and the student, as reader, must form his or her own opinion of what actually happened.

You may want to go through the **Cuadernos** to decide which sections will work best for which students at what point in your regular lesson. The **Antes de leer** sections provide reading strategies; the **Vocabulario** sections focus on different aspects of word-building; the **¿Qué piensas tú?** sections debrief the students on their personal opinions about what happened in the novella; the **Ortografía** sections focus on tips, clues and advice about potential pitfalls in spelling; the **Gramática** sections focus or expand on grammar topics that heritage learners might need to work on; the **Vamos a escribir** sections provide writing assignments so that the heritage learner can practice writing essays and compositions; and **La vida profesional** sections provide a taste of Spanish in the workplace.

The **GeoVisión** and **VideoCultura** worksheets at the end of each chapter are similar to, but, in some cases, offer more advanced activities than the ones provided in your ***¡Exprésate!*** **Video Guide** for your non-native speakers. Showing the video and doing the worksheets would be a good time to reunite heritage learners with their fellow classmates, and have them act as group leaders or culture consultants.

Your work as a Spanish teacher is difficult and in many cases, underappreciated. Your heritage learners can be a source of inspiration and assistance in your classroom! Hopefully, these **Cuadernos** can help you guide them to a renewed love and pride in their language.

Sinceramente y con mucho cariño y respeto,
Sylvia Madrigal Velasco

To The Student

Several decades ago, in high school, I found myself in a Spanish foreign language classroom, similar to the one you are in right now. I lived in a small town on the Texas-Mexico border. Since my parents were from Mexico, I grew up speaking Spanish at home. All of my schooling, however, from kindergarten forward, had been accomplished in English. Even though my parents were literate in their native language, there were not many books in Spanish lying around the house. We read comic books in Spanish that we bought in Matamoros every week. We traveled frequently to Mexico to visit relatives. All our communication with my grandmother, my godparents, a variety of aunts, uncles and cousins, and all of our neighbors, was entirely in Spanish. Nevertheless, our focus was to become proficient in English, so our studies of written Spanish were minimal.

This put me in an odd position in my Spanish classroom. I understood and spoke Spanish fluently, but I did not know the rules of grammar or punctuation in a formal way. I had never read long literary passages in Spanish, nor had I ever written formal compositions or essays in Spanish. Even so, I was far ahead of my English-speaking classmates in their acquisition of the language. The textbooks that they were using were far too easy for me. I often became bored.

What I didn't know then that I know now is how incredibly lucky I was! In me, inside my own heart and brain, without any conscious work on my part, I had inherited a beautiful language! A language that can claim the first known novel! A language full of rhythm, and humor and poetry. A language that today has become an important force in the global economy.

I learned another thing about my beloved Spanish: like anything worth having, it cannot be neglected. It must be tenderly attended to, developed, used. You have to care for it, otherwise it will become like a garden with overgrown weeds. An unuseable garden that you would never think to throw a party in!

You, too, own this precious language. Enjoy it! Find things in Spanish that are fun to read! Rent movies from Mexico, Spain, Argentina, Cuba. There are books and movies in Spanish that will make you laugh and cry harder than you have ever laughed or cried before! Look for them. First, fall in love with your language, then challenge yourself to higher levels of mastery.

Give Spanish the best of your heart and mind, and it will return in joy more than a thousandfold what you invested. It will also serve you well in the marketplace, where every day, more and more companies are realizing the value of bilingual employees. Hopefully, this **Cuaderno para hispanohablantes** can you give a place to start.

Sinceramente y con mucho cariño y respeto,

Sylvia Madrigal Velasco

To The Student

Notes about the chapters:

Capítulos 1 and 2 are purely grammatical exercises to help you get to the basics of the language. Don't despair! Work your way through them, and you will eventually be glad you did.

In Capítulos 3 through **5,** you will find the following sections:

Antes de leer: In this section you will learn some reading strategies that will help you as you read the **Lecturas** of each chapter.

Vocabulario: In this section, you will expand your vocabulary through word-building and word-analysis activities.

Lecturas: The **Lectura** for **Capítulo 3** contains some essays about Miami and **Capítulo 4** is a short story about a little boy that hates to do housechores. The **Lecturas** for **Capítulos 5** through **10** tell one long story about some Latino kids in Texas —the fun they have and the troubles they get into. Each chapter is told from a different person's point of view. These six chapters are meant to be fun and entertaining reading for you. First read them quickly to get the gist of the story. Then go back and read them more carefully, to make sure you didn't miss any of the nuances and high jinks! The plot details are intertwined from one story to the next, so it's important to know exactly what happened in each person's version in order to understand the next chapter.

¿Qué piensas tú?: This section allows you to explore your reactions and express your opinions about the **Lectura** you just read.

Ortografía: Here you will get tips and advice about how to focus on spelling accurately in Spanish.

Gramática: In this section, you will work on grammar topics that will enhance your written expression of the language.

Vamos a escribir: Here you will compose an essay or composition on a topic related to the readings.

La vida profesional: This section focuses on Spanish in the workplace. It will provide you with a glimpse of how you can use your beautiful language to build a successful career!

The **GeoVisión** and **VideoCultura** worksheets at the end of each chapter are dependent on you watching the ***¡Exprésate!*** videos with the rest of your classmates. You can do the **Antes de ver** sections before you watch the videos, but make sure you watch the videos before you try to do the **Después de ver** sections.

¡Mucha suerte!

Sylvia Madrigal Velasco

Capítulo

1

Las bases del español

The basics of the Spanish language

To support your knowledge of written Spanish, Chapters 1 and 2 of this Workbook will let you practice the most essential aspects of the language. Starting in Chapter 3, you will read some fun stories and work with more complex aspects of the language.

La sílaba *The syllable*

◆ The basic units of any language are words. Words in both English and Spanish are made up of syllables. A syllable is the shortest single sound that one can make. Look at the following words in Spanish. Pronounce the words to yourself. How many syllables are in each?

cama	**bata**	**lava**	**toma**
taco	**casa**	**mapa**	**mesa**

◆ Every word has at least one syllable. If a word has two or more syllables, one syllable is pronounced with more emphasis. In Spanish, this stressed syllable is called **la sílaba tónica.** Pronounce the following words to yourself, noticing how the underlined syllable is pronounced with more emphasis.

puer-ta	**pa-tio**	**ca-mi-sa**	**so-lo**	**ven-ta-na**	**le-chu-ga**
ca-ma	**que-so**	**pa-red**	**le-che**	**me-sa**	**pa-pel**

A. Pronounce each of the following words to yourself. Write down the number of syllables in each.

___ **1.** casa	___ **11.** colores
___ **2.** silla	___ **12.** lapicero
___ **3.** hablamos	___ **13.** camarero
___ **4.** jabón	___ **14.** tren
___ **5.** sábana	___ **15.** pelo
___ **6.** puerta	___ **16.** ojo
___ **7.** montón	___ **17.** narices
___ **8.** vitrina	___ **18.** vestido
___ **9.** vaso	___ **19.** pantalones
___ **10.** independiente	___ **20.** rápidamente

Nombre ______________________ Clase ______________________ Fecha ______________

Las vocales *Vowels*

- Spanish has only five vowel sounds and these are spelled with five corresponding letters. The **y** in Spanish sometimes represents the **/i/** sound. Look at the following words and pronounce them to yourself, paying close attention to the vowel:

  a arpa, cama **i ir, vivir** **o ocho, doctor**
  e este, leche **u no, uso**

- Vowels in Spanish are usually pronounced exactly the same no matter where in the word they fall. That means that how you pronounce a word can normally help you figure out which vowel to use when spelling it: **cama, leche, vivir, ojo, jugo.** This is different from English, where the pronunciation of the same vowel can change, depending on whether the syllable is stressed, among other factors:

  able, ability, happen ***elevate, electric, complete*** ***family, familiar, fine***

A. For each vowel, find two words from the box that have that vowel sound. Find one word with the vowel sound as a stressed syllable, and one with the vowel sound in an unstressed syllable. Some words may be used more than once.

coma	claro	sábana	hable	escritorio	juntar	jugo
piscina	leche	uva	jabón	sartén	cortina	mesa
jugar	sopa	pila	esposo	hermana	duda	

	Stressed	**Unstressed**
a		
e		
i		
o		
u		

Los diptongos *Diphthongs*

- Many words have syllables that are made up of more than one vowel sound. If the two vowels are pronounced together in one syllable, they are called a diphthong, or **diptongo** in Spanish.

- Look at the following words. Pronounce them to yourself, paying close attention to the underlined vowel combinations (*diphthongs*).

  cuanto **pie** **viuda** **cuenta** **dio** **seis** **viaje** **causa** **aire**

A. Pronounce each of the following words to yourself and then underline any diphthongs.

1. fui	**3.** tiene	**5.** deuda	**7.** cuatro	**9.** neutro	**11.** traigo
2. luego	**4.** vio	**6.** huevo	**8.** veinte	**10.** lengua	**12.** flauta

Nombre ______________________ Clase ______________ Fecha __________

Las consonantes *Consonants*

- The sounds pronounced by restricting air flow from the mouth are called consonants. Look at the following words. Pronounce them to yourself, paying close attention to how the consonant is pronounced, if at all.

b	bota	tomaba		**k**	kilo		**r**	rana	pero	cara
c	casa	cima	cero	**l**	leche	árbol	**rr**	perro	carro	
d	dólar	nada	usted	**m**	moto		**s**	solo	espera	
f	fama			**n**	nota	bien	**t**	tarea		
g	gusto	agua	gente	**ñ**	niño	baño	**v**	vaso	uva	
h	honor			**p**	papel		**y**	yo		
j	jarro			**q**	queso		**z**	zorro		

Los dígrafos y los grupos consonánticos *Digraphs and Consonant Clusters*

- In a few cases in Spanish, two consonants are written together to represent a single sound that does not have its own letter. These are called **digraphs.** Spanish uses the digraphs **ch** and **ll** as in the following words:

chaleco	**cheque**	**coche**	**lleno**	**collar**
chocolate	**chisme**	**llave**	**lluvia**	**tortilla**
chuleta	**ocho**	**llover**	**calle**	

- The digraphs **gu** and **qu** are used before the vowels **e** and **i** as in the following words:

cheque	**guerra**	**queso**	**quince**
llegue	**guitarra**	**busque**	**guisado**

- Just as vowels can come together to form diphthongs, consonants can come together to form **consonant clusters.** Unlike digraphs, both letters of the consonant clusters are pronounced. The most common combinations usually have **l** or **r** as the second letter.

- Look at the following words. Pronounce them to yourself, paying close attention to the underlined letters.

broma	**cubre**	**ladrillo**	**grosero**	**creer**
bravo	**Pedro**	**grave**	**grupo**	**claro**

A. Complete each of the following words with the correct consonant cluster. In some instances, there may be more than one correct answer.

bl	fl	pl	cr	fr	pr	cl	gl	br	dr	gr	tr

1. ____ender
2. ____asco
3. ____aro
4. a____io
5. a____ir
6. en____udo
7. ____ío
8. ____ito
9. ____eno
10. ____aer
11. in____ar
12. a____ecio
13. ____ama
14. pro____ama
15. ha____ar

Capítulo 1

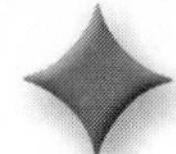

La acentuación *Accents*

- You may have noticed that some words in Spanish are written with an accent over one of the vowels. The information here should give you a head start on knowing why a word is written with an accent.

El acento diacrítico

- Spanish has pairs of words that are pronounced the same and spelled with the same letters but have different meanings and usages. In order to tell them apart in writing, one will have an accent and the other will not. This accent mark is called **el acento diacrítico.** These are easy to learn. Here are a few examples of some common ones.

sin acento	ejemplo
mi (possessive adjective)	mi libro
te (object pronoun)	te veo
de (preposition)	de México
se (object pronoun)	se lo doy
mas (conjunction)	es pequeño mas fuerte
si (conditional conjunction "if")	si es posible...

con acento	ejemplo
mí (object pronoun)	para mí
té (drink)	una taza de té
dé (from the verb **dar**)	que me lo dé
sé (from the verb **saber**)	yo no sé
más (comparative)	más tarde
sí (affirmative adverb, "yes")	¡Sí es posible!

A. Underline the correct word in parentheses to complete each of the following sentences.

1. Paco me preguntó a qué hora llega el tren, pero yo no (sé/se).

2. ¿Quieres una taza de (té/te) para desayunar?

3. Mi abuela es (dé/de) México.

4. ¿Sabes cómo (sé/se) dice «cuaderno» en inglés?

5. ¿Me puede dar un poco (más/mas) de leche?

6. Mis padres quieren que (dé/de) una vuelta con ellos.

7. Te presento a (mí/mi) madre, María.

8. Yo (sí/si) puedo ir contigo, (sí/si) tú quieres.

Another type of **acento diacrítico** is used with question words. Whenever a word like **¿qué? ¿cómo? ¿cuándo? ¿quién? ¿cuánto?**, and so on are part of a direct question, they are written with an accent mark. They are also written with an accent mark in sentences containing an indirect question:

Tomás sabe a qué hora es el partido. **Pregúntale a Eva dónde está Martín.**
¿Qué pasó?¿Quién fue? **¿Cuánto cuesta? ¿Cuándo vienes?**

B. Underline the correct word in parentheses to complete each of the following sentences.

1. ¿(Qué/Que) quieren comer para la cena esta noche?

2. No conozco a la persona a (quién/quien) te refieres.

3. ¿(Cuándo/Cuando) te vas para el Ecuador?

4. Oí sonar el teléfono. ¿(Quién/Quien) llamó?

5. Martín me dijo (qué/que) no venía a la fiesta.

6. (Cuándo/Cuando) vayamos a Madrid, vamos a pasar por el Prado.

7. ¿(Cuánto/Cuanto) vale este hermoso tapiz?

El acento ortográfico

◆ In some cases a vowel has an accent mark to indicate which syllable is **la sílaba tónica** and in some cases to indicate that two vowels together do not form a diphthong. This accent mark is called **el acento ortográfico.** Look at the following words, paying close attention to which ones have an accent mark and which ones do not.

árbol	**sartén**	**comer**	**tómala**	**sandía**
azúcar	**canción**	**fórmula**	**baúl**	**comía**
canto	**cortés**	**tónica**	**María**	**grúa**
café	**nariz**	**sílaba**	**Mario**	**jardín**

A. Rewrite each of the following words, adding any necessary accent marks. Look up the words in a dictionary if necessary.

1. decision ______________ **7.** cuarto ______________

2. martes ______________ **8.** saber ______________

3. Marquez ______________ **9.** dia ______________

4. anden ______________ **10.** encia ______________

5. trenes ______________ **11.** gradua ______________

6. examen ______________ **12.** papel ______________

Las voces del habla *Parts of Speech*

Los sustantivos *Nouns*

- Nouns are words that indicate a person, a thing, an idea, a concept. They serve as the subject of a sentence or they can also appear in a predicate as a complement. Many times, the words **el, la, los, las, un, una, unos, unas** precede a noun.

A. Read the following paragraph. Pay attention to the nouns that are underlined in the first sentence. Then underline the nouns in the rest of the paragraph.

Esta <u>mañana</u> toda la <u>familia</u> se levantó temprano para salir de <u>excursión</u> a la <u>playa.</u> Primero la mamá y el papá prepararon unos sándwiches y los empacaron en un cesto. Los hijos juntaron las toallas, los trajes de baño, el bloqueador y los pusieron en el baúl del coche. A las siete de la mañana se fueron. Cuando subieron a la autopista ya había mucho tránsito, lo cual los tardó un poco. Por fin llegaron a la playa, donde jugaron al voleibol, nadaron en el océano y tomaron el sol un poco. Después de comer la comida que habían traído se fueron a casa. Pasaron un día muy tranquilo.

Los verbos *Verbs*

- The verb is the word in the predicate that indicates an action or a state. In Spanish, the verb has many forms which specifies who is enacting the action or state and the moment in which the action or state takes place. Read the following sentences and pay close attention to the underlined verbs.

<u>Estudio</u> todos los días. (The verb expresses that the subject is **yo.**)
<u>Hablan</u> español en casa. (The verb expresses that the subject is **ellos** or **ustedes.**)
<u>Fuimos</u> a la playa. (The verb expreses that the subject is **nosotros** and that the action has already occurred in the past.)
¿Qué <u>dijiste?</u> (The verb expresses that the subject is **tú** and that the action has already occurred in the past.)

A. Match each noun with the phrase in the second column that corresponds to it.

___ **1.** Mis amigos y yo	**a.** salíamos a menudo.
___ **2.** Yo	**b.** estudia en casa.
___ **3.** Mi amigo Fabián	**c.** van a dar una lección a las nueve.
___ **4.** Los profesores	**d.** quiero una limonada.
___ **5.** Tú	**e.** fuiste al parque hoy.

B. Indicate if the following verbs refer to a singular subject or a plural one.

1. fueron ____________________	**4.** serán ____________________
2. comen ____________________	**5.** habla ____________________
3. iban ____________________	**6.** escribía ____________________

Los adjetivos *Adjectives*

- Adjectives are the words that describe, modify or limit a noun. They answer the questions **¿Cuál?, ¿Qué clase?, ¿Cuánto?** At the same time that they modify the noun, they also match the noun in gender and number. Read the following phrases paying close attention to the forms of the underlined adjectives:

un libro bueno **unos profesores buenos**

una película buena **unas clases buenas**

A. Match each noun with the adjectives which modify it.

__ **1.** hermanas	**a.** altas
__ **2.** carro	**b.** cara
__ **3.** camisa	**c.** bueno
__ **4.** niños	**d.** bajos

Los adverbios *Adverbs*

- Adverbs are the words that describe, modify or limit a verb, an adjective or another adverb. They answer the questions **¿Cómo?, ¿Cuándo?, ¿Dónde?** Read the following phrases paying close attention to the forms of the underlined adverbs:

Fuimos a la playa ayer.
El conductor manejaba distraídamente.
Los estudiantes hicieron la tarea muy bien.
Todos los niños están abajo.
El empleado me respondió cortésmente.

A. Underline four adverbs in the following story and then indicate which question each adverb answers (**¿Cómo?, ¿Cuándo?, ¿Dónde?**)

Esta mañana toda la familia se levantó temprano para salir de excursión a la playa. Primero la mamá y el papá prepararon unos sándwiches rápidamente y los empacaron en un cesto. A las siete de la mañana se fueron. Por fin llegaron a la playa, donde jugaron al voleibol, nadaron en el océano y tomaron el sol un poco. Luego, se fueron a casa.

Los pronombres *Pronouns*

- Pronouns are the words that replace the noun in order to avoid repeating the noun or to emphasize it. They adopt various forms depending on their function in the sentence. Read the following sentences playing close attention to the underlined pronouns.

Mis amigos me invitaron a ver esa película pero yo ya la había visto.

Sus padres le regalaron un coche pero no permiten que lo maneje hasta que cumpla los 18 años.

A. Underline the pronoun in the following sentences then indicate what noun it refers to.

1. Este libro es bueno. Lo he leído dos veces. ____________________
2. Ya hice la tarea pero no sé dónde la dejé. ____________________
3. Pilar es buena estudiante pero no le gusta para nada la clase de inglés. __________
____
4. Juan quería ir al gimnasio con Jimena, pero ella no quiso ir. ____________
____

La oración: el sujeto y el predicado
The Sentence: The Subject and the Predicate

- Just as sounds make syllables and syllables make words, words make sentences. But each sentence is not made up of just any kinds of words. Each sentence follows a regular and predictable pattern of certain kinds of words that carry out certain functions.

- Every sentence is made up of two major components: the **subject** and the **predicate.** The subject usually begins the sentence and usually refers to the person doing the action. The predicate tells what the action is and also tells any other information about it.

Los niños ven televisión.
Los perros comen los huesos.
Los peces nadan en el agua.
Los ríos corren por el valle.
Los estudiantes van al colegio.
El mono juega con sus juguetes.
Las chicas hablan con sus amigos.
Los alumnos estudian la lección.

A. In each of the following sentences, underline the subject once and the predicate twice.

1. Mi hermana escribe una carta.
2. Mis abuelos tienen una casa grande.
3. Los profesores fueron a la oficina.
4. La clase terminó a las tres.
5. Estos libros son interesantes.
6. Los niños jugaban con los gatos.

Nombre ______________________ Clase ______________ Fecha __________

España

Antes de ver

A. En **GeoVisión**, vas a ver varios sitios famosos de España. Basándote en lo que ya sabes de España, escribe una oración sobre cada uno de los temas a continuación.

1. arquitectura ____

____

2. centro ____

____

3. museo ____

____

4. montañas ____

____

5. palacio ____

____

6. parque____

Después de ver

B. ¿Te acuerdas de estos sitios en **GeoVisión**? Identifica cada foto con el nombre que le corresponde.

a.

b.

c.

d.

_____ **1.** La Plaza Mayor en el centro de Madrid

_____ **2.** El Parque del Retiro en Madrid

_____ **3.** La Sagrada Familia en Barcelona

_____ **4.** El museo Guggenheim, una de las atracciones más famosas de Bilbao

Nombre ______________________ Clase ______________________ Fecha ______________

Capítulo 1

Antes de ver

A. ¿Cómo saludas a la gente? ¿Les das la mano o los abrazas? ¿Saludas a tus amigos en el colegio de la misma manera que saludas a familiares que no has visto en mucho tiempo? En el espacio en blanco, haz una lista de tus varios modos de saludar a la gente. Explica con quién y en qué ocasiones usarías cada saludo.

____

____

____

____

Después de ver

B. Escribe una conversación para cada foto, basándote en las acciones de las personas en las fotos.

C. Lee las preguntas a continuación. Luego, después de ver el video, contesta las preguntas sobre los entrevistados y sus familias.

1. ____

2, ____

3. ____

Capítulo

2

Las bases del español

The basics of the Spanish language

El género: casos difíciles y excepciones

Por lo general, si una palabra termina en **-a** es femenina y si termina en **-o** es masculina. Las excepciones a esta regla se clasifican en las siguientes categorías:

- Las palabras que, aunque terminan en **-a,** son masculinas. Muchas de estas palabras, que son de origen griego, terminan en **-ma.**

el día	**el planeta**	**el drama**	**el programa**
el mapa	**el clima**	**el poema**	**el tema**

- Las palabras que terminan en **-o** pero que son femeninas, como **la moto, la radio** y **la foto,** porque la palabra completa es **la motocicleta, la radioemisora** y **la fotografía.**
- Las palabras que cambian de significado según el artículo que llevan.

  la frente (parte superior de la cara)
  el frente (cara de una moneda o un edificio; coalición de partidos políticos)
  el orden (arreglo armonioso; sistema lógico o cronológico de las cosas)
  la orden (un mandato o instrucción; hermandad o sociedad religiosa)

- Las palabras femeninas que comienzan en **-a** o **ha-** tónica que usan el artículo **el** para evitar la doble **a.** Las formas plurales de esas palabras usan el artículo femenino.

el agua (las aguas)	**el alma (las almas)**	**el arte (las artes)**	**el hacha (las hachas)**
el ala (las alas)	**el arma (las armas)**	**el habla (las hablas)**	**el hambre**

- Ciertas profesiones, como las de policía y soldado, que tradicionalmente fueron ejercidas solamente por hombres. Hoy en día se dice **la mujer policía** y **la mujer soldado.**
- Las palabras para ciertos animales. Si la palabra para un animal es **femenina (la rana, la cebra)** se le distingue al macho de la especie como **la rana macho** y **la cebra macho.** Si la palabra para un animal es masculina **(el elefante, el canguro)** se le distingue a la hembra de la especie como **el elefante hembra** y **el canguro hembra.**

A. Subraya el artículo correcto.

1. Júpiter es (el/la) planeta más grande del sistema solar.
2. ¿Cuánto mide (el/la) jirafa macho?
3. Teresa toca (el/la) arpa en la orquesta.
4. Me compré (un/una) mapa de la ciudad.
5. (El/La) ala del pobre pájaro está lastimada.
6. (Los/Las) mujeres soldados se entrenan todos los días.
7. Carlos perdió (los/las) fotos de la fiesta.
8. Jorge cortó el árbol con (el/la) hacha.
9. ¿Cuál es (el/la) idioma que se habla en Marruecos?

La posición y la concordancia del adjetivo

La posición

- En español, el adjetivo puede colocarse antes o después del sustantivo. Según el lugar que ocupa en la oración, el adjetivo puede cambiar de significado. Compara los significados de las siguientes oraciones:

Adjetivo	Posición anterior	Posición posterior
alto	Tiene altas **metas.** *(de categoría superior)*	Tiene hijas **altas.** *(de gran estatura)*
cierto	No debemos confiar en **ciertas** noticias. *(algunas)*	El locutor dio noticias **ciertas.** *(verídicas)*
grande	Isabel I fue una **gran** reina. *(de gran importancia)*	Es un jugador de fútbol **grande.** *(de gran tamaño)*
mismo	El **mismo** chico se rió. *(semejanza)*	El chico **mismo** se rió. *(enfático)*
nuevo	Le regalaron un **nuevo** televisor. *(otro, distinto)*	Le dieron un televisor **nuevo.** *(no usado)*
pobre	Es una **pobre** muchacha. *(infeliz)*	Es una muchacha **pobre.** *(con poco dinero)*
propio	Es su **propio** nombre. *(que pertenece a uno)*	Es un lugar **propio** para estudiar. *(apropiado)*
puro	Dice la **pura** verdad. *(completa, toda)*	Bebe agua **pura.** *(limpia, no alterada)*
único	Fue su **única** oportunidad. *(sola)*	Es una oportunidad **única.** *(excepcional)*
viejo	Es el **viejo** profesor. *(anterior, pasado)*	Es un profesor **viejo.** *(mayor de edad)*

La concordancia

- Cuando un adjetivo califica dos sustantivos del mismo género, se usa el adjetivo plural de ese género:

  Venden libros y artículos **religiosos.**

- Si los sustantivos son de distinto género, se usa el adjetivo masculino plural:

  Necesitan periódicos y revistas **nuevos.**

Nombre ______________________ Clase ______________ Fecha ____________

A. Coloca los siguientes adjetivos en la posición correcta.

1. Mi tío es un ____________ hombre ____________. Es un senador muy honrado. (grande)
2. Alguien llamó a las tres, la ____________ persona ____________ que llamó a las dos. (misma)
3. Hernán es muy mentiroso. Nunca me dice ____________ cosas ____________. (ciertas)
4. La señora Molina ocupa una ____________ posición____________ en el gobierno. (alta)
5. Si quieres respirar el ____________ aire ____________, tienes que ir al campo. (puro)
6. Nuestra vecina es una ____________ señora ____________. Debe tener por lo menos ochenta años. (vieja)
7. Susana acaba de comprarse una ____________ raqueta ____________ ¡y ahora tiene tres! (nueva)
8. Tenemos que ayudar a la ____________ familia ____________ que perdió su casa en un incendio. (pobre)
9. Patricia es la ____________ hija ____________ en su familia que asistió a la universidad. (única)
10. Las fiestas son una ____________ ocasión____________ para hacer amigos. (propia)

B. Completa las oraciones con el adjetivo correcto.

1. El profesor habló sobre la actitud y el carácter ____________________ (modernas/modernos).
2. Vimos los dibujos y las pinturas más ____________________ (famosos/famosas) del artista.
3. A veces compro ropa y zapatos ____________________ (usados/usada).
4. ¿Hay un restaurante o unas tiendas ________________? (abierto/abiertas)

Nombre ______________________ Clase ______________________ Fecha ____________

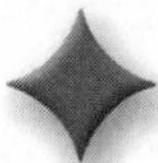

Los verbos en *-ar, -er* e *-ir*

- Los verbos regulares que terminan en **-ar, -er** e **-ir** se conjugan de la siguiente manera en el presente del indicativo.

  -ar: habl**o**, habl**as**, habl**a**, habl**amos**, habl**áis**, habl**an**

  -er: com**o**, com**es**, com**e**, com**emos**, com**éis**, com**en**

  -ir: viv**o**, viv**es**, viv**e**, viv**imos**, viv**ís**, viv**en**

A. Completa las siguientes oraciones con la forma correcta del verbo entre paréntesis. Usa el presente del indicativo.

1. ¿Qué tal si nosotros ______________________ (batir) los huevos y Uds. añaden el azúcar para el pastel?
2. Ofelia siempre dice que no puede acompañarnos al cine pero Fernando y yo siempre la ______________________ (convencer) que vaya.
3. Pedro y Rita siempre ______________________ (terminar) la tarea temprano.
4. Mi hermana y yo ______________________ (invertir) todo el dinero que tenemos en un terreno en el campo.
5. Nosotros ______________________ (vestirse) muy elegantemente cuando hay alguna fiesta o reunión en el colegio.
6. Mis amigos y yo casi nunca ______________________ (cometer) el mismo error.
7. Yo me ______________________ (levantar) antes de las siete.
8. Mi papá y yo siempre ______________________ (atender) a los clientes en la tienda mientras mamá trabaja en la oficina.
9. Nosotros ______________________ (competir) en el campeonato de tenis todos los años.
10. Mis hermanos y yo ______________________ (trabajar) en la tienda de mi tío.
11. Después de la cena, Esteban y yo ______________________ (servir) el pastel y Julia prepara el café.
12. Siempre nos sentimos cansados cuando ______________________ (dormir) poco.
13. A veces nosotras ______________________ (desobedecer) a la profesora pero siempre le pedimos perdón después.

Nombre ______________________ Clase ______________ Fecha __________

Los verbos con cambios en la raíz

- Los verbos que cambian en la raíz se conjugan de la siguiente manera en el tiempo presente del indicativo:

  e → i: pido, pides, pide, pedimos, pedís, piden

  u → ue: juego, juegas, juega, jugamos, jugáis, juegan

  e → ie: pienso, piensas, piensa, pensamos, pensáis, piensan

  o → ue: puedo, puedes, puede, podemos, podéis, pueden

A. Completa las siguientes oraciones con la forma correcta del verbo entre paréntesis. Usa el presente del indicativo.

1. Nosotros siempre ______________ (almorzar) en la cafetería del colegio.
2. Carlos y yo ______________ (querer) ver una película este fin de semana.
3. Desgraciadamente, nosotros no ______________ (poder) acompañarlos al centro.
4. Gloria y yo normalmente ______________ (volver) del trabajo a las cinco y media.
5. Mercedes y yo siempre ______________(probar) la comida antes de echarle sal.
6. A menudo María José y yo ______________ (empezar) a estudiar después de la cena.
7. Durante las vacaciones, nosotros no ______________ (despertarse) antes de las nueve.
8. José Manuel y yo ______________(jugar) al tenis todos los días durante los veranos.
9. Mi hermano y yo no ______________ (sentirse) muy bien hoy.
10. Nosotros ______________ (preferir) viajar lo más temprano posible.

B. Tu papá te pregunta qué tienen planeado los miembros de tu familia para el día de hoy. Usa las siguientes frases para explicarle qué hacen todos.

repetir el mismo horario de siempre	**volver tarde a casa**
almorzar con unos compañeros	**atender a Abuelita**
comenzar una clase de fotografía	**jugar al ajedrez**

1. Mamá ______________________________
2. Yo ______________________________
3. Mis hermanos ______________________________
4. Tú ______________________________
5. Todos nosotros ______________________________
6. Mi abuelo ______________________________

Nombre ______________________ Clase ______________________ Fecha ______________

Las formas verbales de la segunda persona

Capítulo 2

- En español, existen cinco pronombres personales para la segunda persona: **tú, vos, Ud., Uds.** y **vosotros.**

En Latinoamérica, son los siguientes:

	singular	**plural**
informal	tú o vos (o los dos)	Uds.
formal	Ud.	Uds.

En España, son los siguientes:

	singular	**plural**
informal	tú	vosotros (as)
formal	Ud.	Uds.

- España es el único país del mundo hispanohablante que usa **vosotros.** En cambio, muchos países usan **vos,** un pronombre que se usa como **tú,** es decir, en situaciones informales. Se usa **vos** en Argentina, Chile, Uruguay y en los países de Centroamérica (Guatemala, El Salvador, Honduras, Nicaragua, Costa Rica, con la excepción de Panamá). El **voseo** existe, en menor escala, en países como Ecuador, Colombia y México pero no se acostumbra en los países del Caribe.

- Las formas de **vos** y **vosotros** se conjugan de la siguiente manera en el presente del indicativo:

vos	**vosotros**
-ar: hablás	**-ar:** habláis
-er: comés	**-er:** coméis
-ir: decís	**-ir:** decís
ser: sos	**ser:** sois
pedir: pedís	**pedir:** pedís
tener: tenés	**tener:** tenéis

A. Subraya la forma correcta del verbo, según el pronombre personal indicado.

1. Vos siempre (escuchás/escucháis) la radio en el carro, ¿no?
2. ¿(Sos/Sois) vosotros los compañeros de clase de Alejandro?
3. Vos no (debés/debéis) beber tantos refrescos.
4. Si vos (querés/queréis) ir al cine, hay una buena película a las ocho.
5. ¡Qué buena suerte (tenés/tenéis) vosotras!
6. ¿Vosotras todavía (querés/queréis) ir a la piscina?
7. ¿Cuántos años (tenés/tenéis) vos?
8. ¿A qué hora (comés/coméis) vosotros el desayuno?
9. Vos (sos/sois) de la misma estatura que Inés.
10. ¿(Llevás/Lleváis) vosotros suficiente dinero?

Nombre ______________________ Clase ______________ Fecha __________

Las formas del imperfecto

- Para conjugar un verbo en el imperfecto, se añaden las siguientes terminaciones a la raíz.

  -ar: cant**aba**, cant**abas**, cant**aba**, cant**ábamos**, cant**abais**, cant**aban**

  -er: volv**ía**, volv**ías**, volv**ía**, volv**íamos**, volv**íais**, volv**ían**

  -ir: serv**ía**, serv**ías**, serv**ía**, serv**íamos**, serv**íais**, serv**ían**

- Los únicos tres verbos que son irregulares en el imperfecto son:

  ir: iba, ibas, iba, íbamos, ibais, iban

  ser: era, eras, era, éramos, erais, eran

  ver: veía, veías, veía, veíamos, veíais, veían

Capítulo 2

A. Completa las siguientes oraciones con la forma correcta del imperfecto del verbo entre paréntesis.

1. Durante el verano, Luisa ______________ (dormir) hasta muy tarde.
2. Nosotros siempre ______________ (querer) salir por la noche.
3. Teresa e Inés ______________(tener) que estudiar todos los días.
4. Tú ______________ (caerse) fácilmente cuando eras niño.
5. Yo a veces le ______________(traer) flores a mi abuela.
6. Todos los veranos nosotros ______________ (ir) a la playa.
7. Esteban siempre ______________ (pedir) lo mismo: pollo asado.
8. El tío Ignacio a menudo nos ______________ (decir) que iba a visitarnos.
9. Cada domingo mis amigos ______________ (ver) una película en el cine.
10. Yo nunca ______________ (poder) ver televisión después de las nueve.

Nombre ______________________ Clase ______________________ Fecha ______________

Las formas del pretérito

- La conjugación regular del pretérito es la siguiente:

  -ar: hablé, hablaste, habló, hablamos, hablasteis, hablaron

  -er: bebí, bebiste, bebió, bebimos, bebisteis, bebieron

  -ir: escribí, escribiste, escribió, escribimos, escribisteis, escribieron

- Los verbos irregulares o con cambios ortográficos en el pretérito son:

1. Los verbos que tienen un cambio en la raíz. Algunos verbos de este grupo son:

dar: di, diste...
estar: estuve, estuviste...
hacer: hice, hiciste...
poder: pude, pudiste...
poner: puse, pusiste
querer: quise, quisiste...
saber: supe, supiste...
tener: tuve, tuviste
traer: traje, trajiste...
venir: vine, viniste...

2. Los verbos **ir** y **ser**, que son completamente irregulares en el pretérito y que tienen la misma conjugación:

ir/ser: fui, fuiste, fue, fuimos, fuisteis, fueron

3. Los verbos en **-ir** en que sólo cambia la vocal de la raíz en la tercera persona:

Yo **pedí** sopa y Herlinda **pidió** enchiladas.

Dormí muy poco anoche pero los niños **durmieron** bien.

4. Los verbos en **-car, -gar** y **-zar,** que tienen cambios ortográficos sólo en la primera persona singular:

sacar: yo sa**qué** (tú sacaste...

pagar: yo pa**gué** (tú pagaste...)

empezar: yo empe**cé** (tú empezaste)

A. Completa las siguientes oraciones con la forma correcta del pretérito del verbo entre paréntesis.

1. Mariano, ¿ya ______________________ (hacer) tú la tarea para la clase de inglés?
2. Mis amigos me ______________________ (pedir) que les hiciera un favor.
3. Nosotros ______________________ (venir) cuando ______________________ (saber) las noticias.
4. Eva ______________________ (dormir) mal anoche pero yo ______________________ (dormir) bien.
5. Ayer yo ______________________ (andar) por el parque, mirando las estatuas.
6. Isabel, ¿______________________ (recibir) el paquete que te mandé?
7. La señora Corrales ______________________ (traer) un pastel a la reunión.
8. Nosotros ya ______________________ (escribir) los ensayos para la clase.
9. Yo ______________ (sacar) el dinero del banco para comprar mis libros del colegio.
10. Irene y yo______________________ (hablar) por teléfono por dos horas anoche.

Nombre ______________________ Clase ______________________ Fecha ______________

Antes de ver

A. Júntate con un(a) compañero(a) y hagan una lista sobre las cosas que ya saben de Puerto Rico. Compartan su lista con la clase.

____

____

____

____

____

____

____

Después de ver

B. En el mapa a continuación, identifica el mar, el océano y las islas que rodean a Puerto Rico.

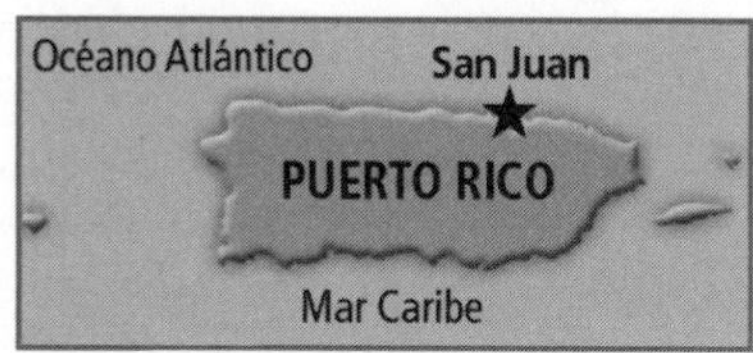

C. Completa las oraciones sobre Puerto Rico usando las palabras en el cuadro.

fortalezas	playas	observatorio	capital	bosque

1. San Juan es la ______________ de Puerto Rico.
2. El Morro es una de las ______________ españolas en el Caribe.
3. El Yunque es el único ______________ tropical del sistema de parques norteamericano.
4. Arecibo es el ______________ más grande del mundo.
5. El Dorado es una de las ______________ hermosas de Puerto Rico.

Nombre ______________________ Clase ______________________ Fecha ______________

VideoCultura *Comparaciones*

Capítulo 2

Antes de ver

A. ¿Cuáles adjetivos usarías para describirte a ti mismo? ¿y para describir a tu mejor amigo o amiga? Escribe unas oraciones que te describan a ti y a tu mejor amigo o amiga.

____

____

____

____

____

Después de ver

B. En el cuadro de abajo, pon una ✓ junto a los adjetivos que usan Andrea y Luis para describirse a sí mismos y para describir a sus amigos.

	Andrea	**Luis**
activo/activa		
alegre		
divertido/divertida		
gracioso/graciosa		
inteligente		
moreno/morena		
serio/seria		
simpático/simpática		
tímido/tímida		

C. Pon atención a los adjetivos que usa Aaron para describirse a sí mismo y para describir a su amigo. Escribe una definición de cada uno de los adjetivos a continuación.

1. persona positiva: ____
2. ernesto: ____
3. responsable: ____

Antes de leer

3

El punto de vista del escritor. Para evaluar la validez del punto de vista del escritor de un ensayo y entender su motivo por escribirlo, es importante saber distinguir entre una opinión y un dato. Como lectores, tenemos que comprender la perspectiva del escritor: ¿de qué nos quiere convencer? Parte de esta tarea es reconocer la diferencia entre un dato y una opinión, porque algunas veces los escritores presentan su opinión como si fuera un dato.

¿Opinión o dato? Las siguientes oraciones vienen de un folleto turístico sobre México. Determina cuáles son datos (**D**) y cuáles son opiniones (**O**).

1. La capital de México es la Ciudad de México.
2. La Ciudad de México es una de las ciudades más importantes del mundo.
3. México, país de Norteamérica, se extiende de este a oeste entre el golfo de México y el océano Pacífico, y de norte a sur entre Estados Unidos y Guatemala.
4. Según el censo de 1992, la Ciudad de México tiene 9.815.795 habitantes.
5. Los sitios arqueológicos de México son impresionantes.
6. Las playas de México son espectaculares.
7. El petróleo crudo es uno de los principales productos de exportación de México.
8. Además de la hospitalidad y cortesía de su gente, México ofrece al turista más arte, folklore y sitios arqueológicos que cualquier otro país del Nuevo Mundo.

Vocabulario

Las familias de palabras. Cuando varias palabras comparten la misma raíz, como por ejemplo **padre, patriarca, paterno** y **patria,** entonces se dice que son parte de la misma familia de palabras. En términos lingüísticos, palabras así relacionadas tienen parentesco etimológico; es decir, tienen el mismo origen. Cuando te encuentras con una palabra desconocida, piensa si conoces otras palabras con la misma raíz. Esta estrategia te ayudará a entender su significado.

Observa las palabras a continuación. ¿Puedes agrupar las palabras en sus familias?

caliente	arenoso	naturaleza	arenal
escondidas	acuarela	calor	acuario
escondite	nativo	acuático	esconder
natural	caluroso	arena	

De cada grupo de palabras, indica con una X la palabra que no es de la misma familia. Considera el significado de cada palabra antes de contestar.

1. tierra	terror	terrateniente	terrestre
2. natación	nación	nativo	nacer
3. durazno	endurecer	durmiente	durar
4. viejo	vejiga	vejez	envejecer
5. vida	vivaz	sobreviviente	televidente
6. lecho	lechuga	lácteo	leche

Comprensión

*Contesta las preguntas de **Comprensión** en una hoja aparte.*

A. ¿Cuántos datos sobre Miami puedes contar en el ensayo de Juan? ¿Cuáles son?

B. Menciona por lo menos dos opiniones acerca de Miami en el ensayo de Juan.

De vacaciones en Miami, Florida

Para su clase de español, cuatro estudiantes escriben una composición sobre sus vacaciones en Miami

Las playas de Miami

por Juan Villanueva

¡Qué vacaciones más fantásticas! Miami es una ciudad de sol, de playas, ¡de diversión! Desde Miami Beach a Haulover Beach Park existe una playa arenosa[1] de 300 pies de ancho[2] y 10 millas de longitud. Esta playa es artificial — creada completamente por el hombre. Interesante, ¿no?

Por la mañana, mis hermanos y yo nos levantamos temprano y nos vamos a la playa. Nadamos un rato, tomamos el sol y nos hacemos amigos con las chicas que juegan voleibol en la playa.

Regresamos al hotel para almorzar con nuestros padres… y después, ¡otra vez a la playa! A veces alquilamos[3] unos motoesquís o vamos windsurfing. ¡El verano en Miami es espectacular! Hay muchas cosas que hacer. Las vacaciones de dos semanas no son suficientes para disfrutar de todo lo que ofrece Miami al visitante.

En Miami siempre hace buen tiempo durante el verano. La temperatura está perfecta para las actividades al aire libre. La gente es muy simpática y siempre tiene tiempo para contestar preguntas o ayudarte con información.

El ritmo de vida en las playas de Miami es muy lento. Supongo[4] que en el centro, donde están las oficinas y compañías multinacionales, el ritmo es más rápido. Pero no sé, porque yo pasé todos los días de las vacaciones, ¿en dónde más?, ¡¡¡en la playa!!!

1 que tiene arena o abunda en ella **2** amplitud, extensión **3** rentamos **4** Me imagino

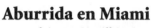

Aburrida en Miami
por Adriana Castillo

Lluvia, lluvia y más lluvia. Miami es una ciudad de lluvia. Es el diez de agosto. No podemos ir a la playa porque está lloviendo. No podemos ir al parque a correr o a jugar porque está lloviendo. No podemos ir al zoológico. ¿Por qué? ¡Porque está lloviendo a cántaros![1]

Viene un huracán. Por eso hay tanta lluvia. Las vacaciones en Miami no son lo que me imaginaba: voleibol en la playa, natación, windsurfing, buceo, esquí acuático, ciclismo, actividades al aire libre todos los días.

En vez de pasar los días al sol, mi familia y yo pasamos los días dentro del hotel. Miramos la televisión, escuchamos música, jugamos cartas, leemos, escribimos postales, llamamos por teléfono a nuestros amigos y familiares, jugamos al escondite[2] en los pasillos, hacemos ejercicio en el gimnasio y nadamos en la piscina del hotel. Pero, ¡no es igual! ¡Quiero salir! ¡Quiero ver el sol! ¡Quiero sentir la arena caliente entre los dedos de mis pies!

Dicen que la comida cubana es muy buena, pero no podemos salir a los restaurantes cubanos. Tenemos que comer en el restaurante del hotel todos los días. ¡No quiero ver otra hamburguesa en toda mi vida!

No saben cuándo va a tocar tierra el huracán. No saben dónde va a tocar tierra. No sabemos cuándo podemos salir de Miami. El huracán nos tiene prisioneros.

Miami es una ciudad maravillosa, según los folletos[3] y las guías turísticas. Es una ciudad con un clima ideal para las vacaciones. Es una ciudad que ofrece muchas actividades acuáticas y muchas diversiones para personas de todas las edades. ¿Es verdad? No sé. Para mí, Miami es una ciudad de lluvia y días de hotel largos y aburridos.

1 llover con mucha fuerza, aguacero **2** juego de niños en el que unos se esconden y otro busca a los escondidos **3** panfletos

Comprensión

Contesta las preguntas de Comprensión en una hoja aparte.

C. ¿Puedes encontrar algunos datos sobre Miami en el ensayo de Adriana? Si es el caso, ¿cuáles son?

D. ¿Puedes encontrar algunas opiniones sobre Miami en el ensayo de Adriana? Escribe por lo menos una.

Comprensión

*Contesta las preguntas de **Comprensión** en una hoja aparte.*

E. ¿Cuántos datos sobre Miami puedes encontrar en el ensayo de Alberto? Escribe por lo menos dos.

F. ¿Cuántas opiniones sobre Miami puedes encontrar en el ensayo de Alberto? Escribe todas las que puedas.

El Miami de hoy

por Alberto Escamilla

Entre las ciudades más grandes de la Florida, Miami ocupa el segundo lugar. Está localizada en la parte suroeste del estado, en la bahía de Biscayne.

Miami es una ciudad de 370.000 habitantes. El 55 por ciento de esos habitantes son latinos. Además de la población cubana, residen en Miami personas de Brasil, China, Colombia, El Salvador, Alemania, Grecia, Haití, Irán, Israel, Italia, Jamaica, Líbano, Malaysia, Nicaragua, Panamá, Puerto Rico, Rusia, Suecia y Venezuela.

Miami es la única ciudad estadounidense planeada por una mujer. Julia Tuttle, de Cleveland, es quien convenció a los financieros de Nueva York que en este sitio existía la posibilidad de una gran ciudad.

Miami es el destino de diez millones de turistas cada año. Sesenta por ciento del turismo del área se debe a esta ciudad. Es también el puerto más grande de todo el mundo para cruceros[1] turísticos y comerciales. Cuarenta por ciento de todas las exportaciones de los Estados Unidos con destino a Sudamérica, Centroamérica y el Caribe salen del puerto de Miami.

El nombre Miami se deriva de *Mayaimi*, una palabra de los indígenas de la región. Algunos creen que quiere decir «agua grande» y otros que significa «agua dulce».

Miami es una ciudad con una historia fascinante y un presente vibrante. Es el sitio ideal para las vacaciones.

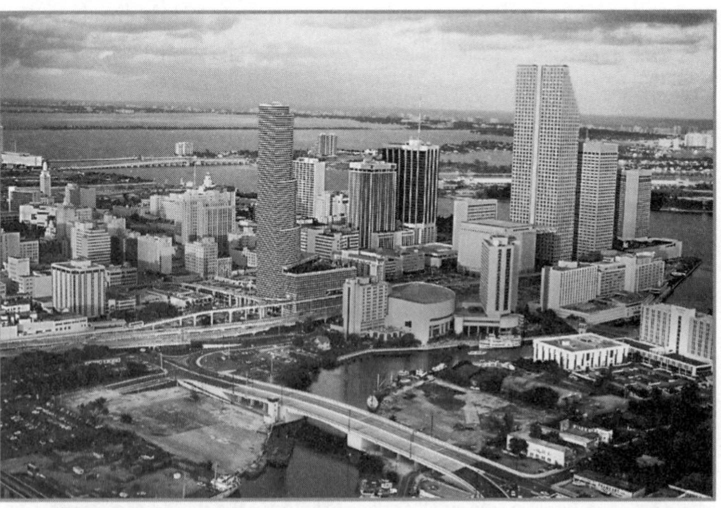

1 barcos

Miami: la ciudad de mis sueños

por Gloria García

Miami: Ciudad Mágica. Ciudad del Futuro. Ciudad de Sueños. Puerta al Caribe. Capital de Sudamérica. El Nuevo Nueva York. Todos nombres que tratan de capturar la magia y la maravilla de la ciudad de mis sueños.

¿Qué es lo que atrae[1] a diez millones de turistas cada año? Primero, tenemos que empezar con la naturaleza: la flora y fauna en abundancia, las playas con sus brisas calurosas, la vegetación exótica, los pájaros tropicales, la vida acuática, y las frutas sabrosas como el mango y la guayaba.

¡No hay tiempo para aburrirse! Hay actividades y diversiones para cualquier gusto. Si te gusta la playa y el aire libre, puedes participar en deportes como el esquí acuático, el windsurf, los motoesquís, el kayak, el buceo[2], la natación, la vela[3] o la pesca. Si eres atleta, puedes andar en bicicleta, ir jogging, o jugar al golf o al tenis. Si prefieres visitar museos o galerías, hay varios en la ciudad que valen la pena. Y si te gusta ir de compras, hay centros comerciales fabulosos por toda la ciudad.

Si tu actividad preferida es ¡comer!, Miami es un paraíso de comidas internacionales. Puedes ir a restaurantes cubanos, brasileños, nicaragüenses, colombianos, puertorriqueños y vietnamitas, para mencionar sólo algunos.

Y si quieres sentir la energía latina de la ciudad, sólo tienes que ir a la Calle Ocho, donde puedes pasar tiempo en cafés cubanos, pastelerías nicaragüenses o taquerías centroamericanas. Si estás en Miami en marzo, no te pierdas el Festival de la Calle Ocho, el gran evento latino del año.

Como todos sus apodos[4] indican, Miami es una ciudad de muchas facetas[5]: es mágica, es moderna, es cosmopolita, es internacional y es, simplemente, ¡maravillosa! La ciudad de mis sueños.

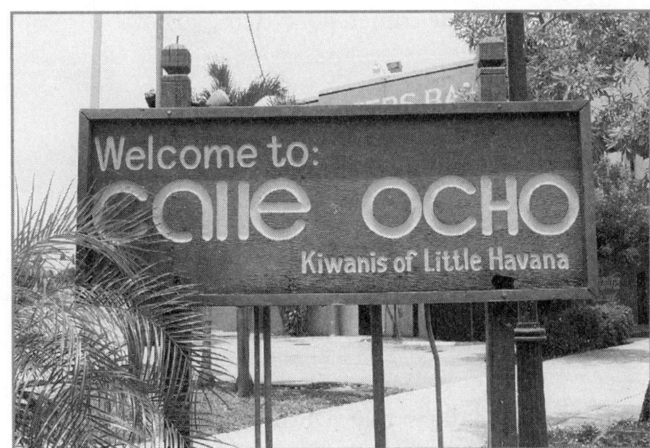

Welcome to:
Calle OCHO
Kiwanis of Little Havana

1 interesa **2** nadar con todo el cuerpo sumergido **3** deporte de la navegación en barco de vela **4** sobrenombres **5** aspectos

Comprensión

Contesta las preguntas de Comprensión en una hoja aparte.

G. ¿Hay datos sobre Miami en el ensayo de Gloria? Escribe por lo menos dos.

H. ¿Hay opiniones sobre Miami en el ensayo de Gloria? Escribe todas las que puedas.

I. ¿Cuál ensayo de los cuatro contiene el mayor número de datos? ¿de opiniones? ¿el mejor balance entre datos y opiniones?

J. ¿Quién se divirtió más en Miami? ¿Quién no se divirtió nada?

¿Qué piensas tú?

1. ¿Cuál ensayo te gustó más? ¿Por qué? ______________________________

____

2. ¿Cuál ensayo crees que fue el más informativo sobre Miami? ¿El menos informativo?

____

3. ¿Qué puedes concluir sobre el uso de datos y opiniones en ensayos? ______________

____

Capítulo 3

4. Basándote en los ensayos, ¿quién crees que optaría por vivir en Miami? ¿Quién nunca viviría allí? ______________________________

____

Ortografía

La letra *h*. La letra **h** es siempre muda en español; es decir, nunca se pronuncia. Por eso puede haber confusión al escribirse las palabras que empiezan con **h** o que tienen la **h** entre vocales.

Nota que la presencia o la falta de la **h** puede cambiar el sentido de la palabra, por ejemplo, *hola* y *ola*. Una se usa para saludar a alguien y la otra se usa para hablar del mar. Compara los significados de estos pares de palabras: *onda/honda, ora/hora, a/ha, olla/hoya.*

A. Completa las oraciones con ***h*** si es necesario.

1. __oy en el mercado Leonor __a visto un __uipil muy bonito.
2. Retira la __olla del fuego, que ya es __ora de comer. ¡Qué rico __uele!
3. __ay un incendio __orrible en el centro. ¡Mira cuánto __umo!
4. Durante la excavación, los __istoriadores esperaban __allar __uesos y __erramientas de __ierro.
5. En esta pensión se __ospedan chicos __onrados y __onestos.
6. El río __ondo es el más grande y __ermoso del estado.
7. ¿Vas __a nadar ahora? Cuidado, que __ace mucho viento y las __olas están peligrosas.
8. —¿A qué __ora viene Martín? —Me __a dicho que vendrá __a las seis.

B. Busca la definición que corresponde a cada una de las palabras. Luego, en una hoja aparte, escribe una oración completa con cada palabra.

1. __ ola
2. __ honda
3. __ ora
4. __ hola
5. __ a
6. __ olla
7. __ ha
8. __ onda
9. __ hoya
10. __ hora

a. concavidad formada en la tierra
b. primera letra del alfabeto; preposición que se usa para expresar la idea de movimiento
c. palabra empleada como saludo
d. que tiene mucha profundidad
e. ola del mar; ondulación del cabello
f. forma del verbo que significa «rezar»
g. forma del verbo *haber*
h. vasija que se usa para cocinar
i. unidad de tiempo equivalente a 60 minutos
j. onda en el mar o un lago

C. Ahora busca en los ensayos sobre Miami diez palabras que empiecen con la ***h*** muda. Escribe oraciones con cinco de ellas.

____

____

____

____

____

Gramática: El tiempo presente

El tiempo de un verbo abarca el pasado, el presente o el futuro:

*Antes yo **trabajaba** en una pizzería. Ahora **trabajo** con mi tío y algún día **trabajaré** para una empresa.*

El tiempo presente se usa para…

1. Hablar de una acción que sucede en el momento inmediato o en la época en que se habla:
   *Ahora **tengo** hambre. Elisa **toma** clases de baile.*
2. Referirse a una acción habitual que se repite:
   *Ellos **van** al cine a diario.*
3. Referirse a una acción en un futuro próximo:
   *Te **recojo** a las ocho.*
4. Hablar de una acción que comenzó en el pasado y aún continúa:
   ***Estudia** alemán desde hace tres años.*

A. Escribe el infinitivo de todos los verbos que están en el tiempo presente en las oraciones a continuación. Luego, escribe una oración en el tiempo presente usando uno de los verbos de cada oración.

1. Por la mañana, mis hermanos y yo nos levantamos temprano y nos vamos a la playa.

   ____

2. Nadamos un rato, tomamos el sol y nos hacemos amigos con las chicas que juegan voleibol en la playa.

   ____

3. Regresamos al hotel para almorzar con nuestros padres.

   ____

4. A veces alquilamos unos motoesqueís o vamos windsurfing.

   ____

5. No podemos ir a la playa porque está lloviendo.

   ____

6. Mi familia y yo pasamos los días dentro del hotel.

   ____

7. Miramos la televisión, escuchamos música, jugamos cartas, leemos, escribimos postales, llamamos por teléfono a nuestrs amigos y familiares, jugamos al escondite en los pasillos, hacemos ejercicio en el gimnasio y nadamos en la piscina del hotel.

   ____

B. Lee las oraciones y explica el uso del verbo subrayado en el tiempo presente según la presentación de la página 27.

1. Te busco en la biblioteca después de clases. ______________________
2. Tomo clases de guitarra desde el quinto grado. ______________________
3. Nosotros navegamos por Internet casi todos los días. ______________________
4. Mis padres miran la televisión mientras yo estudio para el examen de mañana.

   ____

5. Nos vemos más tarde.______________________
6. Veo la televisión por la noche después de la cena. ______________________

C. En una hoja aparte, escribe un párrafo de diez oraciones sobre tu ciudad, las actividades que más te gustan hacer allí, y con quiénes compartes esas actividades. Usa el tiempo presente.

MODELO *Yo vivo en Los Ángeles. En Los Ángeles hay muchas cosas que hacer. Los fines de semana mis amigos y yo vamos a la playa. Allí nadamos y tomamos el sol. A veces jugamos al voleibol.*

Nombre ______________________ Clase ______________ Fecha __________

Vamos a escribir

A. Escribe cuatro tarjetas postales desde el punto de vista de los estudiantes que escribieron los ensayos sobre Miami. Lee los ensayos de nuevo para acordarte cómo se sentían Juan, Adriana, Alberto y Gloria durante sus vacaciones. ¿Qué le dirían a un amigo en una postal sobre su experiencia en Miami? Asegúrate que hayas incluido opiniones y también datos.

B. En la Actividad C, vas a escribir un ensayo sobre las vacaciones de tus sueños. Primero, haz un cuadro como el de abajo. En la primera columna, escribe una lista de datos sobre la ciudad a la que quieres viajar. En la segunda columna, escribe unas opiniones que tienes sobre esa ciudad, sean positivas o negativas.

Datos	Opiniones

C. Ahora, escribe un ensayo sobre las vacaciones de tus sueños usando los datos y opiniones que pusiste en el cuadro de la Actividad B. Trata de escribir un ensayo que mantenga un balance entre los datos y las opiniones que ofrece. El ensayo debe de ser informativo para el lector y también debe de ser un placer para leer.

La vida profesional

Las profesiones

abogado
actor/actriz
dentista
diseñador gráfico
mecánico
médico
piloto
profesor
secretario
vendedor
veterinario

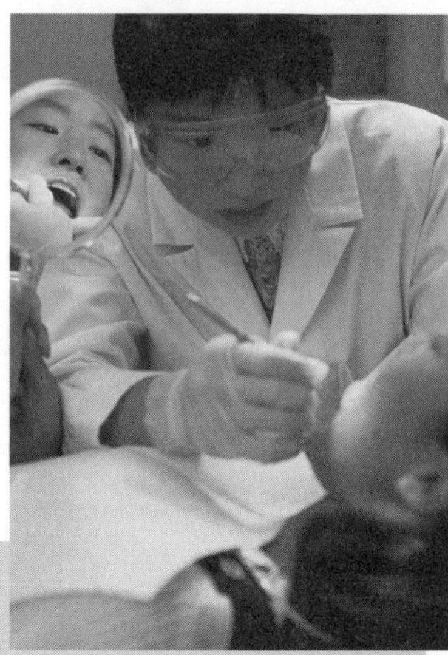

A. Escribe una breve descripción de las responsibilidades de cada profesión.

____

____

B. Escribe al menos cinco profesiones que te interesan. Escribe una breve descripción de las responsabilidades de cada una.

____

____

C. ¿Qué quieres ser? Imagínate que practicas la profesión de tu preferencia. Escribe dos o tres párrafos describiendo un día típico en tu trabajo.

____

____

____

____

____

____

____

Nombre ______________________ Clase ______________________ Fecha ______________

Antes de ver

A. ¿Qué imaginas cuando piensas del estado de Texas? En un grupo pequeño, o con un(a) compañero(a), escojan tres o cuatro imágenes que representen a Texas.

____

____

____

____

Capítulo 3

Después de ver

B. Escoge la oración que mejor describa cada foto.

1. **a.** Hay una influencia mexicana en el arte de Texas.
   b. Hay una influencia francés en el arte de Texas.
   c. Hay una influencia puertorriqueña en el arte de Texas.

2. **a.** La famosa misión de Ysleta en El Paso.
   b. La famosa misión de San José en San Antonio.
   c. La famosa misión de Nuestra Señora de Guadalupe en Juarez, México.

3. **a.** La bandera de España
   b. La bandera de México
   c. La bandera de Texas

1. 

2. 

3. 

C. Di si las siguientes oraciones son a) **ciertas** o b) **falsas.**

_____ **1.** Cabeza de Vaca fue el primer americano en Texas en 1528.

_____ **2.** Texas es el segundo estado más grande de Estados Unidos.

_____ **3.** La bandera americana fue la primera bandera de Texas.

_____ **4.** El Álamo fue el sitio de la batalla entre los tejanos y los españoles.

_____ **5.** La frontera entre Estados Unidos y México separa las ciudades de San Antonio y Ciudad Juárez.

Nombre ______________________ Clase ______________________ Fecha ______________

VideoCultura *Comparaciones*

Antes de ver

A. ¿Qué te gusta hacer con tus amigos los fines de semanas? Haz una lista de cuatro o cinco actividades que te gustan hacer o lugares que te gustan visitar con tus amigos.

Capítulo 3

____

____

____

____

____

____

Después de ver

B. ¿Mientras ves las entrevistas, pon una ✓ junto a las actividades que les gusta hacer a cada persona.

	Rita	Roberto	Celina
acampar			
correr			
estudiar			
jugar (a pelota, a fútbol, etc.)			
hacer fogatas			
nadar			
platicar			
ver películas			

C. ¿Qué dicen los entrevistados que NO les gusta hacer? Escoge la expresión apropiada del cuadro para completar las oraciones a continuación.

pasar el rato solo(a)	la clase de matemáticas	estudiar

1. A Rita no le gusta ______________________________.

2. A Roberto no le gusta ______________________________.

3. A Celina no le gusta ______________________________.

Antes de leer

Causas y efectos Lo que hace que una cosa pase o exista es la causa. Si un escritor nombra la causa pero no el efecto, o nombra el efecto y no la causa, el lector tiene que deducir cuál era la causa o el efecto probable. Para analizar la relación entre causa y efecto, tenemos que usar información en el texto junto con nuestra experiencia de por qué pasan las cosas.

¿Por qué? Empareja el efecto probable de la Columna 2 con su causa de la Columna 1.

Columna 1: Causas

1. Roque no estudia y no hace su tarea para la clase de español. ___
2. Roque no saca la basura. ___
3. Roque escucha música durante la clase de geografía. ___
4. Roque mira la televisión todo el día. ___
5. Roque no pone el despertador. ___

Columna 2: Efectos

a. El profesor de geografía se enoja con Roque.
b. Roque llega tarde al colegio.
c. Roque no hace los quehaceres.
d. Roque saca una mala nota en la clase de español.
e. La mamá de Roque tiene que sacar la basura.

Vocabulario

Los sufijos. Los sufijos son letras o grupos de letras que se agregan a una palabra o su raíz, modificando así su significado original. Los sufijos se colocan siempre al final de las palabras, y en su mayoría se usan para formar sustantivos o adjetivos.

Sufijo	Significado	Ejemplos
-ado, -al, -ante, -ente -ero, (l)ento, -oso	cualidad, aspecto, semejanza	vali**ente**, ________ ________
-able, -ble, -dor, -ible, -ivo, or	posibilidad, capacidad, aptitud	desagrad**able**, ________ ________

Ahora, pon las siguientes palabras del cuento ***Roque y el planeta sin quehaceres*** en su propio sitio en el cuadro de arriba. Después, añade tres adjetivos adicionales que ya sabes para cada categoría de sufijos.

desorganizado	admirable
creativo	leal
paciente	cariñoso
deshonrado	perezoso

Comprensión

Contesta las preguntas de ***Comprensión*** *en una hoja aparte.*

A. ¿Cómo es Roque?

B. ¿Qué le gusta hacer a Roque?

C. ¿Cómo es Cometa?

D. ¿Para qué necesita dinero Roque?

E. ¿Qué le pregunta Roque a su mamá?

Roque y el planeta sin quehaceres

Roque es un niño guapo, pelirrojo y no muy alto, como todavía no cumple los diez años. Algunos dirían que es travieso, pero en realidad, no es travieso, es, a ver, ¿cómo describirlo?, muy creativo. Nuestro amigo Roque tiene una imaginación más enorme que el universo intergaláctico en el que reside.

Para Roque un día ideal no incluye el colegio, los quehaceres, la tarea, nada que huela a trabajo. No me malentiendan: Roque no es perezoso. Roque tiene mucha energía y trabaja muy duro en su pasatiempo preferido: leer las tiras cómicas de los superhéroes del planeta Zirconio. Estudia cada episodio y cada página intensamente.

Pero no sólo le gusta leer las aventuras del Capitán Equis y CiberChico y LáserMan, también le gusta participar en esas mismas aventuras. Para eso, necesita la ayuda de su leal y honrado compañero, Cometa.

En los ojos del hombre común, Cometa es un perro enorme, cariñoso y no muy listo. Pero para Roque, en su papel de LáserMan, Cometa es su valiente y admirable protector.

«La nave espacial de LáserMan y Capitán Cometa necesita más aparatos intergalácticos», piensa Roque un día. Ahora la nave se parece sospechosamente al cuarto de un niño desorganizado. «Esto requiere dinero», sigue Roque en su línea de pensamiento. «Hablaré con la Unidad Materna». Primer gran error de nuestro superhéroe.

«Mamá».

«Sí, mi vida».

«¿Hay quehaceres que hacer?»

«Sí, hijo, siempre hay quehaceres que hacer».

«¿Me pagas si te ayudo con los quehaceres?»

La cara de la Unidad Materna, que casi siempre exhibe un aspecto cariñoso, ahora se transforma en la cara del enemigo Vulcán.

«¿Por qué te voy a pagar por quehaceres que debes hacer de todos modos? No, señor. Usted va a hacer todos los quehaceres que yo le diga y no va a recibir ni un centavo. ¿Entendido, Roque Manuel Mirabal Montero?»

El uso del nombre entero con ambos apellidos señala dificultades.

«Sí, mamá». Esto no ha salido nada bien.

«Primero, a lavar los platos. ¿Entendido?»

Roque mira a su mamá salir de la cocina. «A su servicio, Comandante Mamá». Se ríe. Lavar los platos no es una sentencia grave.

«Capitán Cometa, tenemos nuestra tarea. Adelante». Cometa, fiel compañero que es, mira a Roque mientras lava los platos y los pone uno por uno en el lavaplatos. Roque pone el jabón en el sitio indicado. Prende la máquina y regresa a su aventura.

Roque está absorto en la guerra intergaláctica entre el planeta Zirconio y el planeta Nexos cuando oye los gritos de la Unidad Materna. Baja corriendo a la cocina. Allí encuentra a su madre en frente del lavaplatos. Hay un océano de espuma de jabón saliendo de la máquina.

Comprensión

Contesta las preguntas de* Comprensión *en una hoja aparte.

F. ¿Cómo responde su mamá?

G. ¿Qué tiene que hacer Roque?

H. ¿Por qué grita la mamá de Roque?

Comprensión

*Contesta las preguntas de **Comprensión** en una hoja aparte.*

I. ¿Ahora qué tiene que hacer Roque?

J. ¿Por qué Roque no puede regresar a su nave espacial?

K. ¿Qué hace Fénix?

L. ¿Qué pasa con la jaula de Fénix?

M. ¿Ahora qué tiene que hacer Roque?

«¿Qué has hecho, Roque Manuel Mirabal Montero?»

Roque sabe que no hay otra solución. Busca el trapo para trapear el suelo. Fiel y honrado Cometa, siempre a su lado, siente su profunda desolación.

Nuestro superhéroe acaba el quehacer y trata de escaparse a su nave espacial. Pero no. La Comandante tiene la visión láser de LáserMan.

«¿Adónde vas, Roque?»

«A la nave espacial Zeus».

«No. Creo que no. Primero tienes que darle de comer a Fénix».

Fénix, pájaro enemigo, perico de mal humor, ángel por fuera, diablo por dentro.

«Está bien, mamá». Y a sí mismo, «Coraje, LáserMan. Es importante no exhibir miedo».

Nuestro superhéroe va al clóset a sacar la comida del enemigo. Se acerca a la jaula y empieza a sentir golpecitos en la cabeza. Fénix está sistemáticamente tirando semillas y cacahuates directamente a la cabeza de LáserMan. «Esto no puede ser», dice LáserMan valientemente. «El pájaro tiene que saber quién es El Jefe».

Roque trata de abrir la jaula para darle de comer a Fénix, pero en ese momento, el perico alza las alas y empieza a volar. Capitán Cometa empieza a ladrar. La jaula, perico, semillas, todo se cae al suelo. El escándalo trae a la Unidad Materna corriendo.

«¡Roque Manuel Mirabal Montero, el tercero! ¿Qué has hecho? ¡Mira este mugrero! Ahora vas a pasar la aspiradora, ¿entendido?»

«Pero, pero…»

«No hay peros en esta situación. ¡Pasa la aspiradora, ahora mismo!»

LáserMan mira a su fiel compañero quien lo recompensa con una mirada de compasión. «No hay justicia en este planeta. Por eso prefiero el planeta Zirconio, donde la justicia siempre triunfa y no hay pericos ni aspiradoras ni platos sucios».

LáserMan completa su tarea sin quejarse más. Cree que por fin puede regresar al planeta Zirconio, el planeta sin quehaceres. Pero no es así.

«Muy bien, hijo, ahora tienes que sacar la basura. La bolsa de la aspiradora está llena».

LáserMan es fuerte y paciente, pero su paciencia se está disminuyendo[1]. Recuerda que ya es de noche. Este viaje a las tierras incógnitas del jardín por la noche puede ser interesante. LáserMan y Capitán Cometa siempre están listos para una nueva aventura en planetas desconocidos.

En el jardín, LáserMan ve unas enormes luces centelleando[2]. «¡Capitán Cometa! ¡Mira! ¡Es un OVNI[3]! ¡Extraterrestres! ¡Listos para la defensa!»

Con esto, LáserMan usa la tapa del basurero para protegerse. Su fiel co-capitán se pone a su lado y emite los ladridos que asustan al gato, que corre y tumba el basurero, que hace mucho ruido, que causa más ladridos y más pandemonio. A Capitán Cometa se le olvida su papel de superhéroe y regresa a su papel de perro. Corre detrás del gato. Corre por encima de la basura tirada dejando papelitos rotos y cajas de leche y cereales y toallas de papel usadas. El jardín es ahora una montaña de basura. Mientras tanto, el OVNI desaparece y LáserMan y Capitán Cometa se quedan sin enemigo para conquistar.

«Mañana es otro día, Capitán Cometa». Esto lo dice nuestro superhéroe mientras empieza a recoger la basura desparramada[4] por el jardín.

A los 42 años, todavía tengo ese póster de LáserMan y una profunda aversión a los quehaceres domésticos.

1 se va desapareciendo **2** brillando **3** Objeto Volador No Identificado (UFO) **4** tirada por dondequiera

Comprensión

Contesta las preguntas de Comprensión en una hoja aparte.

N. ¿Cuál es el último quehacer que tiene que hacer Roque?

O. ¿Qué ve Roque en el jardín?

P. ¿Qué pasa en el jardín?

Q. ¿Ahora qué tiene que hacer Roque?

Nombre ______________________ Clase ______________________ Fecha ____________

¿Qué piensas tú?

1. ¿Quién es el narrador de la historia? ¿Cómo lo sabes? ______________________

____

2. ¿Qué piensas tú de Roque? ¿Te gustaría tenerlo como amigo? Explica tu respuesta. ________

____

3. ¿Crees que el narrador describe a Roque de una manera realista? ¿Por qué sí o por que no?

____

Ortografía

Capítulo 4

El sonido /y/. El sonido /y/ se puede escribir con la letra **y** o con la **ll**:

*Ayer me **llamó** la señora **Valle** para avisarme que ya **llegó** su nieto **Guillermo**.*

Como el sonido /y/ se representa de dos formas, puede haber confusión al escribir palabras que llevan este sonido. Algunas reglas que pueden ayudarte:

Se escribe la *ll*...

1. Con palabras que terminan en ***–alla***, ***–allo***, ***–ella***, ***–illa***, ***–illo***, ***–olla***, ***–ollo***, ***–ulla*** y ***–ullo***: *batalla, caballo, bella*
2. Al principio de ciertas palabras: *llamar, llave, llorar*
3. En los verbos que terminan en ***–allar***, ***–illar***, ***ullar*** y ***–ullir***: *callar, chillar, arrullar*

Se escribe la *y*...

1. Al comienzo de ciertas palabras: *ya, yerno, yeso*
2. Tanto en el singular como en el plural de las palabras que terminan en **y**: *ley, leyes*
3. Siempre en la sílaba **–yec-**: *proyecto, inyección*
4. Antes de la **a**, la **e** y la **o** en las formas de verbos cuyos infinitivos terminan en **–uir**, como **construir**, **destruir**, **huir** e **influir**. En estos casos la **i** del infinitivo se convierte en **y**: *construyó, destruyeron, huyen, influya*
5. En el gerundio, ciertas formas del pretérito y el imperfecto del subjuntivo de los verbos **caer**, **creer** y **leer**: *creyendo, cayó, leyeras*

A. Completa las oraciones con ***ll*** o ***y***.

1. ¿Le__eron ustedes sobre la visita de los re__es de España y Suecia?
2. Durante la bata__a, el ejército destru__ó gran parte de la antigua mura__a.
3. Les dije que __a terminé el pro__ecto, pero no me cre__eron.
4. ¡Pobre Roberto! Se ca__ó del caba__o y se rompió el tobi__o. En el hospital le pusieron un __eso enorme.
5. Pásame el cuchi__o, la cebo__a y la mantequi__a, por favor.
6. El re__eno para los pastelitos __eva azúcar, __ema de huevo y vaini__a.
7. Todos se ca__aron cuando un hombre alto y moreno __egó y dijo: «Yo soy Ignacio, el verdadero marido de Laura y el __erno de don Gonzalo».

Nombre ______________________ Clase ______________ Fecha __________

Gramática: El imperfecto

El imperfecto es unos de los tiempos verbales que se usa al hablar del pasado:

*Los estudiantes **almorzaban** en el patio y **charlaban** de todo.*

El imperfecto se usa para…

1. Concentrar la atención en la duración o continuidad de una acción o un estado, sin referencia a su inicio o su final:
   *Cuando **tenía** cinco años, **vivíamos** en Cuba.*
   ***Se sentía** cansado pero feliz.*
2. Expresar acciones o estados repetidos casi como costumbre en el pasado:
   *Los fines de semana **íbamos** a la playa.*
3. Describir acciones, estados o características en el pasado o para presentar el ambiente de una narración:
   *Todos **estaban** de mal humor porque **hacía** un calor terrible.*

Capítulo 4

A. Completa las oraciones con la forma correcta del imperfecto de los verbos entre paréntesis.

1. Cuando ____________ (estar) en el equipo de natación, ____________ (levantarme) temprano todos los días.
2. Yo ____________ (nadar) desde que ____________ (tener) tres años, pero nunca llegué a ser la mejor del equipo.
3. Cuando nosotros ____________ (ir) a otra ciudad para una competencia, casi siempre ____________ (viajar) en autobús.
4. Esos viajes a veces ____________ (ser) largos, pero nosotros ____________ (divertirse) mucho en el autobús.
5. No me ____________ (gustar) las competencias porque ____________ (ponerme) muy nerviosa.
6. A veces mis padres ____________ (venir) también y mi padre ____________ (sacar) miles de fotos.
7. Cuando nuestro equipo ____________ (competir) en mi ciudad, mis padres y mis hermanos siempre me ____________ (alentar) gritando «¡Dale, Marta, dale!»
8. Y cuando ____________ (volver) a casa mi hermana me ____________ (preparar) su «super batido» de frutas para devolverme la energía.

B. En el siguiente párrafo Roberto cuenta lo que hace con sus amigos. Imagina que han pasado cinco años y que ahora Roberto está recordando lo que pasaba en aquellos tiempos. Escribe el párrafo de nuevo usando el imperfecto.

Mis amigos y yo lo pasamos de lo mejor. De vez en cuando nos vemos los viernes por la noche, pero generalmente el sábado es nuestro día preferido. Aunque alguno de nosotros trabaja, ya para las seis estamos todos juntos. Normalmente pasamos toda la tarde escuchando música, y cada uno trae sus discos compactos favoritos, especialmente los nuevos. A eso de las siete ya salimos a comer a uno de nuestros lugares favoritos. Nos gusta mucho el restaurante colombiano de la esquina. También vamos al café de la plaza porque allí casi siempre nos encontramos con otros amigos.

Capítulo 4

Nombre ______________________ Clase ______________________ Fecha ______________

Vamos a escribir

A. ¿Cómo es tu mascota? Si tienes mascota, escribe una descripción de él o ella. (Si no, inventa tu mascota ideal.) Primero, haz una lista de adjetivos que quieres usar en tu descripción. En tu descripción, trata de describir su manera de ser, su aspecto físico y algunas características interesantes o curiosas de su personalidad. Describe un incidente que ilustra con humor sus características más agradabales o desagradables.

____

____

B. ¿Cómo crees que sería un planeta sin quehaceres? ¿Te gustaría vivir allá? ¿Por qué no habría quehaceres? ¿Hacen los superhéroes del planeta los quehaceres o tienen róbots que los hacen por ellos? Usa tu imaginación para escribir una descripción que sea creativa y cómica.

____

____

C. ¿Cómo son tus fines de semana? Escribe un cuento sobre tus fines de semana. Incluye descripciones de tu familia y amigos. Escribe sobre las cosas que haces y qué efecto tienen tus acciones sobre ti mismo y sobre tus familiares. Puedes describir tus fines de semana como son en realidad, o puedes inventar un cuento como el de Roque.

____

____

____

____

____

____

____

____

____

____

____

____

____

Nombre ______________________ Clase ______________________ Fecha ______________

La vida profesional

Los requisitos del candidato o la candidata

tener ___ años de experiencia
tener conocimiento básico en ...
tener buena presencia
tener las habilidades necesarias

ser detallista
ser emprendedor(a)
ser puntual
ser responsable
llevarse bien con la gente

A. Nombra cinco profesiones que te interesen. En una oración, explica por qué te interesa cada profesión.

____

____

B. Escribe un anuncio que describe al candidato ideal para una de las profesiones que nombraste en la Actividad A. Puedes usar las frases de la lista de requisitos de arriba o puedes inventar otras.

____

____

C. Imagínate que vas a solicitar el trabajo del anuncio que escribiste en la Actividad B. Primera escribe una lista de adjetivos que te describen y que también serían útiles para esa profesión. Luego, escribe un párrafo que explica por qué tú eres el candidato ideal para ese trabajo.

____

____

____

____

____

____

____

____

Capítulo 4

GeoVisión Costa Rica

Antes de ver

A. ¿De qué tamaño es Costa Rica? ¿Dónde está? Habla con un(a) compañero(a) sobre las imágenes que anticipas ver en la **GeoVisión** sobre Costa Rica.

Después de ver

B. Pon una ✓ junto a las cosas que viste en **GeoVisión.**

___ un bosque
___ unas montañas
___ un centro comercial
___ un palacio
___ la comida costarricense
___ un parque
___ un cráter
___ un partido de béisbol
___ una estatua
___ una plantación de café
___ una iglesia
___ una playa
___ un jardín
___ unas ruinas

C. Escoge la palabra apropiada del cuadro para completar las oraciones a continuación.

La agricultura	**la biodiversidad**	**la exportación**
el presidente	**primer**	

1. Cristóbal Colón fue el _______________ europeo en llegar a Costa Rica en 1502.
2. 5% de _______________ del mundo se encuentra en Costa Rica.
3. _______________ es la principal actividad económica de Costa Rica.
4. En 1987 _______________ de Costa Rica, Óscar Arias Sánchez, ganó el premio Nóbel de la Paz.
5. Puntarenas es un importante puerto para _______________.

Nombre ______________________ Clase ______________________ Fecha ____________

Antes de ver

A. Vas a escuchar a tres personas hablar sobre un día típico en su colegio. Primero, contesta las preguntas a continuación sobre un día típico tuyo.

1. ¿A qué hora vas al colegio? ______________________
2. ¿A qué hora regresas a tu casa? ______________________
3. ¿Qué materias tienes? ______________________
4. ¿Cuál es tu materia preferida? ______________________

Capítulo 4

Después de ver

B. En el cuadro a continuación, pon una ✓ junto a las materias que tiene cada persona.

	Sol	Jasna	Julio
ciencias (química, física, biología)			
educación física			
español (castellano)			
historia / ciencias sociales			
lengua (inglés, francés, alemán)			
matématicas			
música			

C. Escribe la materia preferida de cada persona.

1. Sol ______________________
2. Jasna ______________________
3. Julio ______________________

a. matemáticas.
b. ciudad contemporánea
c. gimnasia, educación física y matemáticas

Capítulo
5

Antes de leer

En resumen Para hacer un resumen de un texto, el lector debe explicar en pocas palabras las ideas principales y secundarias de lo que ha leído. Si se trata de una oración o párrafo, hay que escoger la palabra o las palabras más importantes.

La palabra más importante Decide cuál es la palabra más importante en las siguientes oraciones y subráyala. Usa un diccionario si hace falta.

1. Olivia quiere usar el horno sin pedirles permiso a sus padres.
2. Olivia le pide un favor a su amigo Gustavo.
3. Gustavo quiere negociar con Olivia.
4. Verónica chantajea a Olivia.
5. Olivia lava la ropa de Verónica.
6. Su papá las castiga cuando se entera del trato que hicieron entre ellas.

Vocabulario

Palabras compuestas Una **palabra compuesta** es una palabra que se forma de dos o más palabras. Tú sabes muchas palabras compuestas en inglés, por ejemplo, *football, raincoat,* o *birthday.* También sabes algunas palabras compuestas en español, tales como **cumpleaños, sinvergüenza** y **aguafiestas.** Observa las palabras compuestas a continuación, el significado de sus partes y su traducción al inglés. ¿Puedes relacionar las partes de las palabras con su significado?

Palabras compuestas	Significado de sus partes	Traducción
cumple + años	fulfill + years	birthday
sin + vergüenza	without + shame	rascal
agua + fiestas	water + parties	party pooper

Ahora divide las siguientes palabras en sus partes y escríbelas en un cuadro como el anterior. Analiza las partes y escribe la traducción de la palabra al inglés. Luego, escribe por lo menos cuatro palabras compuestas que sabes o usas en tu vida diaria.

1. telenovela
2. sacapuntas
3. lavaplatos
4. paraguas
5. parasol
6. sinnúmero
7. guardabosques
8. pelapapas
9. lavamanos
10. parachoques
11. paracaídas
12. sobrecama
13. sabelotodo
14. enhorabuena
15. parabrisas

Comprensión

*Contesta las preguntas de **Comprensión** en una hoja aparte.*

A. ¿Quiénes hablan por teléfono?

B. ¿De qué hablan?

C. ¿Quién le pide un favor a quién?

D. ¿Cuál es el favor?

Sinvergüenza

«Gustavo, ¿qué voy a hacer?»

Estoy hablando por teléfono con mi mejor amigo, Gustavo, a quien le gusta mucho cocinar. También es corebac en el equipo del colegio y por eso no le gusta decirle a nadie de su obsesión culinaria, porque cree que se van a burlar de él. Pero yo no. Amiga fiel y sincera, yo le aseguro que nunca revelaré su secreto, bajo pena de muerte[1], en manos del más cruel enemigo, guardaré su secreto como si fuera mi propia vida.

«¿Con relación a qué?»

«¡Con relación a la venta de galletas que vamos a tener para el Club de Drama!»

No sé por qué los muchachos oyen sólo la mitad de lo que uno les dice. La venta de galletas había sido mi único tema de conversación en los últimos días.

«No te pongas histérica, Olivia. ¡Son galletas, por el amor de Dios, no son reactores nucleares!»

Ay, Gustavo, alma inocente, de carácter noble y gentil, a veces me daban ganas de tirarle las orejas, acción imposible vía las telecomunicaciones. Pero gran diplomática que soy, y quizás también porque en este momento necesito sus talentos culinarios, me explico calmadamente.

«Gustavo. Necesito tu ayuda con las galletas. Ya sabes que no soy tan experta cómo tú en la cocina».

«¿No te prohibieron tus padres usar la estufa sin la supervisión de un adulto?»

Ay, sí, ese problemita en la cocina el verano pasado. Les aseguro, queridos lectores, les juro por mi madre y mi abuela y mi tatarabuela que ese incendio no fue mi culpa.

«Sí, Gustavo, pero la verdad es que me prohibieron a *mí*, no a *ti*».

«Sinvergüenza».

«¿Me ayudas o no?»

No me gusta para nada la pausa marcada en su respuesta.

«Y, ¿yo qué? ¿Qué vas a hacer por mí?»

Ah, ahora entiendo. Quiere negociar.

«Nombra tu precio».

«El equipo de fútbol va a pasar el domingo aquí. Vamos a ver el partido entre los *Cowboys* y los *Patriots* en la tele».

«Continúa».

1 sentencia a muerte

«Necesito que vengas un rato. Tienes que servir los platos que voy a preparar. Tienes que decirles a todos que tú los preparaste».

Facilísimo. Pobre Gustavo. Gran cocinero y futbolista que es, y no puede admitirle a sus compañeros que le gusta cocinar. Situación perfecta para mí.

«De acuerdo, Gustavo, hecho. Ahora, mañana después del colegio tienes que venir a casa conmigo para hacer las galletas. Tenemos que acabar antes de las siete, cuando llegan mis padres a casa».

«No hay problema. Puedes contar conmigo».

Gustavo, Gustavo, Gustavo: amigo ideal para las situaciones delicadas.

Es martes por la tarde. Son las seis más o menos. Gustavo y yo estamos en la cocina haciendo la limpieza. ¡Las galletas salieron deliciosas! Gustavo es un genio para la cocina. Todo va bien; tenemos suficiente tiempo para lavar los platos y dejar la cocina en su previo estado. Me siento feliz. Todo ha salido según el plan. Puedo respirar.

Es cuando abre la puerta y entra, enemiga de enemigas, chismosa y aguafiestas, mi hermana mayor, Verónica de los Mal Humores. Con su nariz para los posibles escándalos, nota inmediatamente que hay algo sospechoso en mi comportamiento[2]. Claro que la cara de terror que exhibe Gustavo no contribuye a mi causa.

«Huelo algo delicioso. ¿Qué es?»

«Nada. No hueles nada».

«Estás equivocada, Olivia. Hay un aroma distinto en la cocina. Hmmmmm. A ver».

La detective empieza a pasearse por la cocina, abriendo gabinetes e inspeccionando todo cuidadosamente. Mis nervios la siguen, paso por paso. Cuando abre el horno, sé que el juego ha terminado. Y que yo he perdido.

2 conducta

Comprensión

Contesta las preguntas de Comprensión en una hoja aparte.

E. ¿Acepta Gustavo hacerle el favor a Olivia? ¿Con o sin condiciones?

F. ¿Salen bien las galletas?

G. ¿Quién entra a la cocina?

H. ¿Cómo sabe Verónica que usaron el horno?

Comprensión

Contesta las preguntas de Comprensión en una hoja aparte.

«¿Por qué está caliente el horno?»

«¿Está caliente? No lo sabía». Mi trabajo en el teatro siempre es mi salvación.

«No te hagas la inocente, Olivia. Ya sabes que mami y papi te prohibieron el uso del horno».

Gustavo cree, incorrectamente, que una galleta servirá para apaciguar[3] los instintos maliciosos de mi querida hermana.

I. ¿Qué le ofrece Gustavo a Verónica?

«Prueba, Verónica. Usé un chocolate especial en las galletas».

Verónica se come la galleta con mucho gusto, pero no sirve para borrar sus visiones de chantaje[4].

J. ¿Quién chantajea a quién?

«Olivia. Éste es el trato[5]. Si no lo aceptas, voy a tener que contarles a nuestros padres que los has desobedecido».

Se me cae el corazón a los pies. ¿Qué me va a pedir?

«Tienes que hacer mis quehaceres por dos semanas. Y tienes que lavar toda mi ropa sucia».

K. ¿Qué tiene que hacer Olivia para comprar el silencio de Verónica?

Lo de los quehaceres no me causa alarma. ¡Pero lo de la ropa! Me parece una sentencia demasiado pesada por mi crimen pequeñito. En el centro del cuarto de Verónica hay una pirámide de ropa sucia que sigue creciendo todos los días y que a veces parece estar viva. Pero no tengo alternativa.

«Acepto».

«Está bien. Ahora vamos a poner todos los abanicos y abrir las ventanas para sacar ese aroma de chocolate de la cocina».

L. ¿Cómo sacan el olor de chocolate de la cocina?

En un instante mi hermana se transforma de enemiga en cómplice. Cuando llegan mis padres la cocina está tranquila y ventilada y las dos estamos haciendo la tarea en la mesa. No hay ninguna evidencia de mi transgresión.

M. ¿Qué hacen las hermanas cuando llegan sus padres?

Mi papá es un hombre sincero y trabajador. Pero a veces está muy preocupado y no presta atención al circo que es nuestra familia. Por eso no creo necesario hacer los quehaceres de Verónica y lavarle la ropa a escondidas. Es sábado y decido atacar el Monstruo de Ropa Sucia antes de que me ataque a mí.

«Hija, ¿qué haces?»

«Estoy lavando la ropa, papá». Inocencia personificada. Es una actitud que he perfeccionado en varias obras de teatro.

N. ¿Qué quiere saber el padre de Olivia cuando la encuentra en el cuarto de lavar?

«Pero ésa es la ropa de Verónica».

«Sí, papá».

«¿Y por qué lavas la ropa de Verónica, si se puede saber?»

Uno de mis peores defectos es que no puedo inventar mentiras instantáneamente. Mis mentiras requieren mucho tiempo y pensamiento. Papá nota mi vacilación.

«Olivia. Dime la verdad».

3 calmar **4** extorsión **5** pacto

En ese momento entra Verónica al cuarto de lavar.

«¿Qué pasa, papá?»

«Tu hermana me va a explicar por qué está lavando tu ropa».

Verónica me da una mirada amenazadora[6], algo así como ¡cállate! o ya verás!

«Pues, papá, la verdad es que ella me debe un favor».

«Ah, ¿sí? Es un favor enorme, ¿no crees? ¿lavar tu montaña de ropa?»

«Sí, papá, pero es que ella...»

No puedo quedarme callada. A veces creo que la conexión entre mi cerebro[7] y mi boca no funciona bien. Salen de mis labios las palabras incriminatorias antes de que pueda suprimirlas[8].

«Pero yo no usé la estufa, papá, fue Gustavo».

Papá nos mira a las dos, primero a mí y luego a Verónica, marcando el tiempo, midiendo la evidencia y formulando su respuesta.

«Tú primero, Olivia. Desde el principio».

Hay momentos en los que uno reconoce que lo único que va a funcionar es la verdad. Éste era uno.

«La venta de galletas. Para el Club de Drama».

«Continúa».

«Como yo no puedo usar la estufa, Gustavo hizo las galletas...»

«Ah, ahora veo. Y tú, Verónica. Explica tu participación».

Verónica está atrapada. No sabe qué decir. Por fin salen todos los detalles de nuestro trato. Al final de la interrogación, papá está furioso con las dos. Conmigo, por haber desobedecido, y con Verónica, por haberme chantajeado. Nos da nuestro castigo[9]: no hay tele por tres semanas y Verónica tiene que hacer sus quehaceres y lavar su ropa. Yo no puedo ir a la venta de galletas.

Verónica está furiosa conmigo porque dice que su castigo fue culpa mía. Gustavo está furioso conmigo porque mis padres hablaron con sus padres y lo castigaron a él también. Mis padres están furiosos conmigo porque confiaron en mí y los desilusioné.

¡No me parece justo! ¡Sólo quería hacer unas galletas para la venta de galletas que va a tener el Club de Drama! ¿Qué es lo malo de eso?

6 un vistazo de intimidación **7** cabeza, juicio **8** silenciarlas **9** pena, corrección de una falta

Comprensión

Contesta las preguntas de Comprensión en una hoja aparte.

O. ¿Cómo explica Verónica la situación?

P. ¿Qué dice Olivia sin querer?

Q. ¿Cómo castiga a sus hijas el señor Aguirre?

R. ¿Quiénes están enojados con Olivia?

S. ¿Cree Olivia que es justo?

Nombre ______________________ Clase ______________________ Fecha ____________

¿Qué piensas tú?

1. ¿Crees que es justo que el señor Aguirre haya castigado a Olivia? ¿a Verónica? Explica tu respuesta. ____

____

2. ¿Crees que es justo que los padres de Gustavo lo hayan castigado? Explica tu respuesta. ____

____

3. Imagínate que eres Olivia. ¿Qué harías en su lugar en cuanto a las galletas del Club de Drama? ____

____

Ortografía

Capítulo 5

Las letras *b* y *v*. En español la *b* y la *v* representan los mismos sonidos. Por eso, hay que tener cuidado al escribir las palabras con estos sonidos. En general, se usa la *b* mucho más que la *v*.

A. Completa las oraciones con ***b*** o ***v***.

1. El metereólogo ad__irtió que mañana i__a a llo__er o posiblemente ne__ar. ¡Qué horri__le!
2. El general en__ió a sus soldados más __alientes al com__ate, pero quedaron muy pocos __ivos después de la __atalla.
3. ¡Po__re Felipe! Nunca ha__ría hecho ese __iaje en __usca de su esposa perdida si hu__iera sa__ido de los pro__lemas que lo espera__an.
4. No sa__ía nadie que la em__ajadora escri__ía no__elas policíacas __ajo otro nom__re.
5. Los pri__ados del __irrey anda__an a ca__allo y se __estían de __erde y __lanco.

B. Escoge la palabra entre paréntesis que completa en forma adecuada los siguientes comentarios de los personajes en el cuento. Luego, identifica quién hizo cada comentario.

____________ 1. Yo tengo (vasta/basta) experiencia en el teatro.

____________ 2. ¿De dónde (bienes/vienes), Verónica?

____________ 3. ¡Vamos (a ver/haber) quién recibe el peor castigo!

____________ 4. ¡Voy a (votar/botar) las galletas si no haces lo que te digo!

____________ 5. No sabía cómo íbamos a quitar el olor de chocolate. ¡Eres (sabia/savia), Verónica!

____________ 6. Gustavo (tuvo/tubo) que hacer las galletas porque mis padres me prohibieron el uso del horno.

Nombre _______________ Clase _______________ Fecha _______________

C. Ahora busca en el cuento ***Sinvergüenza*** cinco palabras que contengan una ***v*** y cinco palabras que contengan una ***b***. Escríbelas en un cuadro como el de abajo.

Palabras con v	Palabras con b
venta	burlar

Gramática: El pretérito

El pretérito es otro tiempo verbal que se usa al hablar del pasado.

Ayer vinieron todos a visitarnos.

El pretérito se usa para…

1. Presentar una acción o un cambio de estado físico o mental que ocurrió de golpe en un momento específico:
   Ana me ***llamó*** *ayer.* ***Quise*** *gritar cuando* ***supe*** *la noticia.*
2. Describir una secuencia de acciones o estados:
   Entró *rápido a la casa,* ***agarró*** *sus llaves y* ***salió*** *corriendo.*
3. Presentar una acción o un estado ya concluido que tuvo lugar durante un período determinado:
   Estuvo *en casa por la mañana. (y luego salió)*
   Fui *a clase todos los días. (la semana pasada)*

Capítulo 5

A. Cambia las oraciones del presente al pretérito, usando el verbo subrayado y los sujetos dados entre paréntesis.

MODELO Esta vez traigo empanadas. La vez pasada… (yo, tú, ellos)
ESCRIBES: La vez pasada traje (trajiste, trajeron) empanadas.

1. Saca muy buenas notas. El año pasado… (ella, yo, nosotros)
   ____
2. Estás muy triste hoy. Ayer… (tú, Julio, yo)
   ____
3. Hoy vengo a clase a pie. El lunes… (yo, Fernanda, tú y Laura)
   ____
4. Tomás siempre dice cosas graciosas. Esta mañana… (él, ellas, yo)
   ____
5. ¿Haces la tarea después de cenar? ¿Anoche…? (tú, Susana, tus hermanos)
   ____
6. Casi siempre pedimos el caldo de pollo. La vez pasada… (nosotros, yo, ellos)
   ____

7. Martín se va temprano hoy. Ayer… (él, yo, ustedes)

____

8. Hoy Alicia es la primera en llegar. El sábado… (ella, nosotras, tú)

____

9. No pueden venir con nosotros. El martes tampoco… (ellos, tú, Patricia)

____

B. Escribe diez oraciones sobre acontecimientos pasados de tu vida. Describe sucesos de interés especial y explica tus acciones y las de otras personas involucradas. Usa diez verbos diferentes en el pretérito. Puedes incluir los siguientes verbos si quieres.

MODELO El verano pasado hicimos un viaje a Morelia para visitar a mis tíos.

aprender	ir	salir	venir	divertirse	pasar
tener	ver	hacer	poder	tomar	viajar

Capítulo 5

1. ____

____

2. ____

____

3. ____

____

4. ____

____

5. ____

____

6. ____

____

7. ____

____

8. ____

____

9. ____

____

10. ____

____

Vamos a escribir

A. Haz un resumen del cuento ***Sinvergüenza.*** Escribe oraciones breves para explicar cada acontecimiento importante del cuento. Puedes usar las siguientes palabras en tus oraciones.

1. estufa, adulto ______________

2. llamarle, favor ______________

3. Gustavo, galletas ______________

4. cocina, entrar ______________

5. Verónica, chantaje ______________

6. padre, ropa ______________

7. el cuarto de lavar, interrogar ______________

8. Olivia, confesar ______________

9. padre, castigar ______________

10. todos, furiosos ______________

B. Ahora usa tu resumen de la Actividad A para escribir la narración de un corto[1] para la película ***Sinvergüenza.*** Puedes trabajar con un(a) compañero(a) si prefieres. Traten de escribir la narración con suspenso y acción, cómo lo hacen en los cortos verdaderos. Escriban su narración en una hoja aparte.

C. Escribe en pocas palabras lo que pasa cuando te metes en líos en casa o en el colegio. ¿Cómo te castigan tus padres? ¿Y tus maestros? Primero haz una lista de los acontecimientos importantes. Luego, en una hoja aparte, escribe oraciones breves que expliquen la situación desde principio a fin.

____

____

____

____

____

____

____

____

____

____

[1] *movie trailer*

La vida profesional

En la oficina

¿Sabes cómo se llaman los siguientes objetos comunes de una oficina? Escribe las letras de las palabras que corresponden a los dibujos.

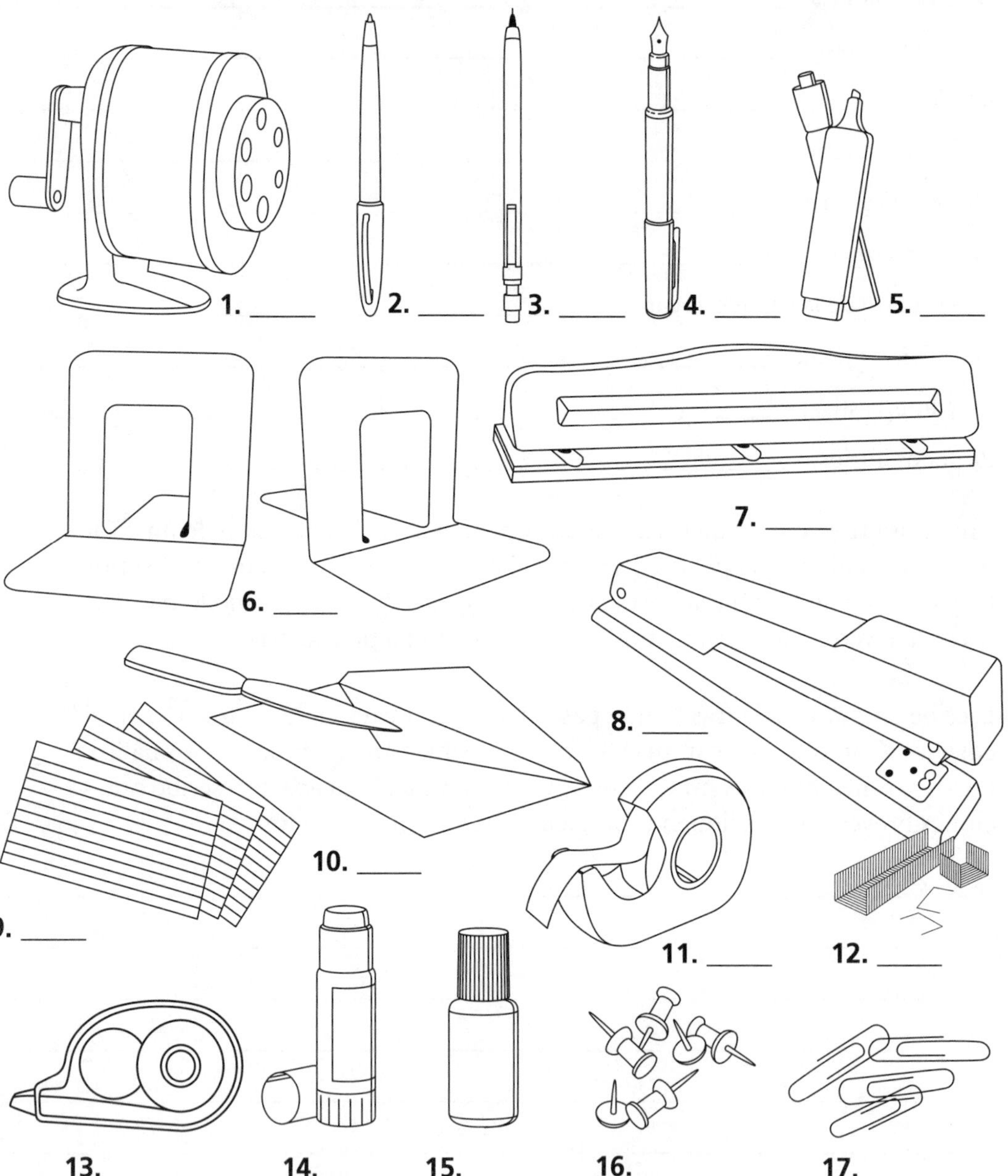

13. _____ 14. _____ 15. _____ 16. _____ 17. _____

a. abrecartas	**f.** engrapadora	**k.** lápiz adhesivo	**p.** sujetalibros
b. bolígrafo	**g.** estilográfica	**l.** papel corrector	**q.** sujetapapeles
c. cinta adhesiva	**h.** fichas	**m.** perforadora	
d. chinches	**i.** grapas	**n.** resaltador	
e. corrector líquido	**j.** lapicero	**o.** sacapuntas	

Nombre ______________________________ Clase ____________________ Fecha ____________

GeoVisión *Chile*

Antes de ver

A. ¿Cómo te imaginas que será Chile? Con base en lo que ya sabes, marca todas las cosas que crees que describan Chile.

______________	**1.** oro y plata	______________	**5.** playas
______________	**2.** excursión de esquí	______________	**6.** ruinas antiguas
______________	**3.** montañas nevadas	______________	**7.** bosques tropicales
______________	**4.** desierto	______________	**8.** glaciares

Después de ver

B. Corrige tus respuestas a la Actividad A. ¿En cuántas acertaste? ¿En cuántas te equivocaste?

C. Empareja las personas, lugares y cosas de la primera columna con sus definiciones en la segunda columna.

_____ **1.** Isabel Allende y Gabriela Mistral	**a.** el baile nacional de Chile
_____ **2.** Santiago	**b.** las montañas del este de Chile
_____ **3.** La cueca	**c.** una isla donde están las ruinas de estatuas grandes y antiguas
_____ **4.** Los Andes	**d.** unas escritoras famosas chilenas
_____ **5.** Don Pedro de Valdivia	**e.** el puerto más importante de Chile
_____ **6.** Isla de Pascua	**f.** el fundador español de Santiago
_____ **7.** Los Mapuches	**g.** los habitantes indígenas de Chile
_____ **8.** Valparaíso	**h.** la capital de Chile

D. ¿Qué fue lo que más te impresionó de la presentación sobre Chile? Con un(a) compañero(a) comenta y apunta las impresiones que ustedes tienen de Chile. Luego comparen el paisaje, la arquitectura y la gente de Chile con las de otro país hispanohablante.

____

____

____

____

____

VideoCultura Comparaciones

Antes de ver

A. Vas a escuchar a tres jóvenes hispanos describir a sus familias. Trabaja con un(a) compañero(a) para hacer una lista de palabras que anticipas los jóvenes usarán en sus descripciones.

____

____

____

____

____

____

Después de ver

B. ¿Cuántas palabras de tu lista usaron los entrevistados en sus descripciones? Pon una ✓ junto a las palabras en tu lista que escuchaste en las entrevistas.

C. Lee las preguntas a continuación. Luego, después de ver el video, contesta las preguntas sobre los entrevistados y sus familias.

_____ **1.** Cristian es de…
a. Argentina. **b.** Chile. **c.** México.

_____ **2.** Hay _____ personas en la familia de Cristián.
a. cuatro. **b.** cinco. **c.** seís.

_____ **3.** El padre de Cristián tiene _____ años.
a. 39. **b.** 40. **c.** 50.

_____ **4.** Amarú es de…
a. España. **b.** Argentina. **c.** Chile.

_____ **5.** En la familia de Amarú, hay _____
a. un perro. **b.** dos perros y un gato. **c.** dos perros y dos gatos.

_____ **6.** _____ de Amarú es trabajadora, pequeña y linda.
a. El hermano mayor **b.** La hermana **c.** La madre

_____ **7.** El hermano mayor de Rebeca _____
a. tiene pelo negro. **b.** es rubio. **c.** es pelirrojo.

_____ **8.** Hay _____ personas en la familia de Rebeca.
a. cuatro. **b.** cinco. **c.** seis.

Antes de leer

Las generalizaciones Una generalización es la declaración de una idea general que se puede aplicar a varias situaciones. Es una reacción humana formar generalizaciones basadas en nuestras propias experiencias. Aún así, esas generalizaciones no siempre tienen validez en todas las situaciones. A veces pueden ser útiles pero otras veces pueden ser dañinas.

Por ejemplo, la generalización «Los perros en general son animales cariñosos» en una situación puede ser útil (para enseñarle a los niños que no hay que tenerle miedo a los perros), pero en otra, puede ser dañina (al encontrarse el niño con un perro feroz). Es importante conocer nuestras generalizaciones internas y saber en qué situaciones tienen validez y en qué situaciones no la tienen.

Yo pienso que... Estudia las siguientes generalizaciones y decide si estás de acuerdo con ellas o no. Luego, en una hoja aparte, explica por qué estás o no estás de acuerdo con cada una.

1. A las chicas no les gustan los deportes.
2. A los chicos no les gusta cocinar.
3. A las chicas les gusta el romance.
4. Los chicos prefieren la acción.
5. A las chicas les gusta bailar.
6. A los chicos no les gusta bailar.
7. La ciencia no es para las chicas.
8. A los chicos no les gusta la literatura.

Vocabulario

Los cognados. Los cognados son palabras que por compartir el mismo origen, se escribe de una manera similar y tienen el mismo significado en dos idiomas. El español y el inglés comparten muchísimos cognados derivados del latín. Hay cognados que se escriben exactamente igual en los dos idiomas, como *error* o *animal.* Sin embargo, en la mayoría de los casos, los cognados no se escriben de igual forma. Estudia el cuadro de abajo y añade un ejemplo para cada categoría de cognado. Puedes buscar palabras en ***El club de hombres*** o en cualquier otro cuento de este cuaderno de práctica.

Inglés	**ejemplos**	**Español**	**Ejemplos**
-cc-	a**cc**ept	**-c-**	a**c**eptar, ________
-e-	violenc**e**, silenc**e**	**-ia, -io**	violenc**ia**, silenc**io**, ________
-mm-	i**mm**ense	**-nm**	i**nm**enso, ________
-ph-	**ph**armacy	**-f-**	**f**armacia, ________
-tion	posi**tion**	**-ción**	posi**ción**, ________
-ty	liber**ty**	**-tad/-dad**	liber**tad**, ________
-y	famil**y**, Jul**y**	**-ia, -io**	famil**ia**, jul**io**, ________

Comprensión

Contesta las preguntas de Comprensión en una hoja aparte.

A. ¿Quién es el narrador del cuento?

B. ¿Qué tiene que hacer Olivia?

C. ¿Qué le gusta hacer al narrador?

D. ¿Qué cree que sus compañeros de fútbol van a hacer si se dan cuenta de su pasión?

E. ¿Dónde empieza su interés en esa actividad?

El club de hombres

¿Sabes qué? Algunas veces las ideas que parecen sencillas y fáciles resultan ser todo lo contrario: complicadas y difíciles. Claro que, si tiene que ver con Olivia, puedes estar bien seguro que la situación se va a complicar.

La idea es ésta: este domingo yo voy a cocinar para el equipo de fútbol y Olivia va a servir los platos y fingir[1] que ella es la cocinera. A mí me gusta mucho cocinar, pero creo que mis compañeros de fútbol se van a burlar de mí si se enteran de mi pasión culinaria. Por eso le pido a Olivia este sencillo y pequeño favor.

¿De dónde nace mi amor por la cocina? Con mi abuela. Desde chico, yo he pasado horas con ella en la cocina mirándola practicar su magia sobre toda clase de frutas, vegetales, carnes, pescados, especias y masas. Empieza con una mesa de ingredientes variados y termina con algo delicioso y nutritivo. Como me encanta comer, desde el principio pensé que sería fenomenal tener ese mismo talento. Después de años de observación e instrucción, he formado un conocimiento adecuado de la cocina tejana-mexicana.

A Olivia también le encanta disfrutar de una comida rica, así que ella frecuentemente se aprovecha de mi interés en las ciencias gastronómicas. En cambio, yo soy el feliz espectador de los líos y los dramas de una compañera divertida, y según dicen algunos, medio loca.

Olivia es mi mejor amiga del mundo. No recuerdo exactamente cómo vino a serlo, pero nunca olvidaré la primera vez que la vi en mi clase de kínder. Estaba armando un escándalo porque una niña le ensució sus zapatos nuevos. La pobre niña se quedó paralizada por los gritos exagerados de su compañera.

De repente, Olivia para de gritar y empieza a reírse a carcajadas. No estaba enojada, estaba actuando. Creo que mi fascinación con ella nació allí. Hay ciertos riesgos en ser el mejor amigo de Olivia. Como, por ejemplo, la facilidad de

1 simular

ser reclutado[2] para participar en sus proyectos peligrosos. Como las galletas del fin de semana pasado. Al hacerle el favor, yo también resulté castigado. Pero es difícil quedarme enojado con ella. Es la única persona que me puede hacer reír aunque esté de mal humor. Para mí, ese talento vale demasiado.

Es con un poco de inquietud que le explico a Olivia qué quiero que haga con los platos y cómo servirlos. Nada complicado: sacar los nachos del horno después de que se derrita el queso; menear el chile con carne un poco para asegurar que esté caliente, ponerle el queso blanco a los frijoles refritos y calentar las tortillas en el comal a medida que se consuman.

Los muchachos llegan a tiempo, a las dos en punto, y se acomodan en la sala alrededor de la tele. Inmediatamente surge[3] el tema de la comida.

«¿Qué hay de comer, Gustavo?»

«¿Qué creen? ¿que mi casa es un restaurante?»

«¡Es que tu mamá siempre nos prepara unos antojitos deliciosos!»

«Pues, mamá no está en casa hoy».

El grupo deja soltar un suspiro colectivo.

«¡Pero no se preocupen! Está Olivia en la cocina en este momento preparando la botana[4]».

Esta vez, el suspiro es más de horror que de alivio.

«¡Olivia! ¿Esa loca del Club de Drama?»

«¡Olivia Aguirre no sabe cocinar nada más que problemas!»

«¡Uy, no! Todavía queda tiempo. ¿Por qué no vamos a la casa de Arnulfo?»

«No, no podemos. Mi hermano tiene invitados hoy».

La reacción de mis amigos es enfática. Les espanta la idea de comer algo preparado por Olivia. Los trato de consolar.

«No se preocupen, de veras. Les va a gustar lo que preparó. Yo mismo lo probé. Muy sabroso, les aseguro».

No están convencidos por completo, pero empieza el partido en la tele y la idea de perderse el primer tiempo en camino a otra casa es suficiente para disuadirlos.

2 inscrito **3** aparece **4** aperitivos

Comprensión

Contesta las preguntas de Comprensión en una hoja aparte.

F. ¿Por qué Gustavo no puede enojarse con Olivia?

G. ¿Qué tiene que hacer Olivia en la cocina?

H. ¿Qué piden los muchachos cuando llegan a la casa de Gustavo?

I. ¿Qué quieren hacer los muchachos cuando se dan cuenta que Olivia es la cocinera?

J. ¿Creen los muchachos que Olivia es buena cocinera?

K. ¿Por fin aceptan que Olivia puede cocinar?

Comprensión

Contesta las preguntas de ***Comprensión*** *en una hoja aparte.*

«Está bien. Pero no puede ver el partido con nosotros».

«Sí. ¡Sólo hombres se permiten!»

Todos están de acuerdo. Olivia puede servir la comida, pero luego se tiene que ir. No sé cómo va a tomar las noticias Olivia. Voy a la cocina a ver cómo andan las cosas.

L. ¿Qué descubre Gustavo cuando va a la cocina?

El olor a queso quemado es la primera indicación que las cosas no andan nada bien. Olivia menea el chile con carne. Sus anteojos están empañados[5] por el vapor que sale de la olla. Veo que no puede ver nada. En el comal hay dos o tres tortillas duras y negras por un lado. Los frijoles refritos parecen estar sin daño.

«¡Olivia!»

Alza la cabeza para mirar hacia mi dirección, pero no me puede ver a través de sus anteojos empañados. No quiero alarmar a los muchachos, así que me acerco a hablarle más quietito.

«Olivia. ¿Qué has hecho?»

«Pues, lo que me pediste, Gustavo».

«Olivia, ¿no puedes oler que los nachos se han quemado? ¿que las tortillas se están quemando? ¿que el chile con carne está a punto de quemarse?»

«Ay, Gustavo, no seas exagerado. Todo va bien».

M. ¿Puede rescatar la comida Gustavo?

Apago la estufa y el horno y trato de rescatar lo que queda de la comida. Tengo que empezar de nuevo con los nachos pero no importa porque todavía tengo todos los ingredientes. Puedo rescatar suficiente chile con carne porque la olla es muy honda y sólo se quemó la parte de abajo. Hay muchas más tortillas. Empiezo a trabajar rápidamente. Estoy consciente de que tengo la sala llena de muchachos hambrientos.

«Oye, Gustavo. ¿Qué le pasó a esa botana que nos prometiste?»

«¡Miguel!»

N. ¿Qué hace Olivia mientras Gustavo trabaja en la cocina?

O. ¿Qué descubre Miguel cuando entra a la cocina?

En ese momento Olivia está sentada leyendo una revista en la mesa. Miguel la mira a ella y luego a mí y luego a ella, y en un instante la comprensión se registra en su cara.

«¡Tú! ¡Tú eres el cocinero! No Olivia, no tu madre, ¡sino tú!»

Mi secreto revelado. No hay remedio. Hay que aceptar mi destino. Los muchachos no van a poder respetar a un corebac que cocina.

Olivia brinca de la mesa y trata de inventar una historia creíble.

5 cubiertos de vapor

Comprensión

*Contesta las preguntas de **Comprensión** en una hoja aparte.*

«No, Miguel, no. Yo soy la cocinera. Gustavo sólo me estaba ayudando. Necesito un descanso, eso es todo».

Miguel no le cree y me mira a mí incrédulo.

«¿Tú puedes cocinar y nunca nos has dicho?»

Pienso que aquí viene el golpetazo, el fin de mi alianza con Miguel y con todo el equipo.

«¡Hombre! Si tú puedes cocinar, ¡no necesitamos a nuestras madres o novias o amigas! Cuando nos juntamos para ver los partidos en la tele, ¡puede ser un verdadero club de hombres!»

Me da un golpe en la espalda y empieza a recoger los platos para ayudarme a llevarlos a la sala.

«Anda, pronto, que va a empezar el segundo tiempo. ¡Espera que les diga a los muchachos de nuestro corebac cocinero!»

Olivia me da esa sonrisa espectacular que tiene y se empieza a reír a todo volumen, como ese día en kínder.

«Anda, vete. Vete a tu club de hombres».

¿Qué piensas tú?

1. ¿Fue un final feliz para Gustavo? ¿Por qué crees eso? ______________

____

2. ¿Qué piensas tú de un corebac que cocina? Explica tu posición. ______________

____

3. ¿Haces tú generalizaciones en ciertas situaciones? Describe por lo menos una generalización que haces sin pensar. ______________

____

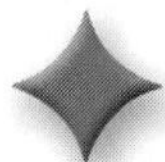

Ortografía

El sonido /*s*/. En ciertas partes del mundo hispanohablante, el sonido /*s*/ se puede representar con la **s**, la **c** o la **z**. Tienes que poner atención para aprender cuando se usan las letras **s**, **c** o **z** para escribir correctamente las palabras que contienen el sonido /*s*/.

A. Completa las oraciones con *c*, *s* o *z*.

1. ¡Qué emo__ión! Alicia y su familia están todos muy feli__es porque sus sobrinos na__ieron ayer al anoch__er. Conver__é con ella y pare__e que son dos varon__itos lindí__imos.

2. Nuestra ve__ina doña Jacinta es una señora muy nervio__a que pade__e de in__omnio. Anoche se le apagaron las lu__es mientras leía. Sintió un ruido y comen__ó a dar vo__es. Agarró un __apato y corrió por la ca__a hasta tropezar con un gato grisá__eo que se había metido por el __ótano.

3. A don Jaime se le acabó la pa__iencia durante la __esión con los nego__iantes de Nueva __elanda. Salió de la __ala de conferen__ias dando un porta__o, acusándoles a todos de mentiro__os. Debido a su falta de educa__ión, ahora la situa__ión está delicadí__ima.

4. Pare__ce que Raimundo tiene un problema con su vi__ión que no le permite condu__ir. Tiene que operarse pero es un pro__eso muy rápido que no ne__esita aneste__ia. El __irujano le acon__ejó que se hi__iera el tratamiento lo más pronto po__ible.

Nombre ______________________ Clase ______________ Fecha __________

Gramática: El imperfecto y el pretérito

Tanto el imperfecto como el pretérito se usan para expresar el pasado. El pretérito y el imperfecto se alternan según los contextos en que aparece el verbo.

Tomó *el avión a las tres.*	*Todos los días* ***tomaba*** *el metro para ir a clases.*
Vivió *cinco meses en Nueva York.*	***Vivía*** *en Nueva York y trabajaba en un banco.*

El pretérito y el imperfecto se pueden combinar en una oración que contiene dos o más verbos. El pretérito enfatiza el punto inicial o el punto final de una acción, o la presenta como una totalidad completa. El imperfecto enfatiza el desarrollo o la duración de la acción. La combinación de pretérito e imperfecto se da frecuentemente en los siguientes casos:

1. Para contrastar una acción en desarrollo con otra que la interrumpe:
   Todos ***dormían*** *cuando los* ***despertó*** *la alarma.*
2. Para explicar por qué alguien hizo o no hizo algo:
   Pensaba *asistir, pero* ***estaba*** *muy cansada y por eso no* ***fui.***
3. Para informar acerca de un estado o acción. Se usa el pretérito para referirse al acto de informar. Si la acción o estado es simultáneo con la acción de informar, se usa el imperfecto. Si la acción o estado es previo, se usa el pretérito.
   Me ***dijo*** *que* ***se sentía*** *muy mal.* (estaba enfermo cuando me lo dijo)
   Me ***dijo*** *que* ***se sintió*** *muy mal.* (cuando me lo dijo ya no se sentía mal)

A. Completa las oraciones con el pretérito o el imperfecto. Subraya la forma correcta.

1. Cuando (visitamos/visitábamos) a mi abuela, ella siempre me (mimó/mimaba).
2. (Empezó/Empezaba) a llover a la una y la tormenta (continuó/continuaba) por dos horas.
3. El sábado (fuimos/íbamos) al centro y (almorzamos/almorzábamos) con unos amigos.
4. Sara (estuvo/estaba) muy aliviada al ver los resultados del examen.
5. (Quise/Quería) salir pero (tuve/tenía) que quedarme en casa con mis hermanos.
6. Todos (jugaron/jugaban) al fútbol en el parque cuando Felipe se (cayó/caía).
7. Los jugadores se (sintieron/sentían) nerviosos antes del campeonato.
8. Laura dice que la fiesta de anoche (estuvo/estaba) aburrida.

B. José le escribió una carta a un amigo sobre el viaje que hizo a Lima. Completa la carta con el pretérito o el imperfecto de los verbos entre paréntesis.

Si supieras lo bien que me fue en Lima. ¡Lo 1. ____________ (pasar) genial! Cuando 2. ____________ (llegar) al aeropuerto, mis primos Andrea y Carlos me 3. ____________ (esperar) para recogerme. En el camino a casa nosotros 4. ____________ (parar) para comer un ceviche de mariscos, uno de los platos peruanos más típicos. La comida 5. ____________ (estar) buenísima, como mis primos 6. ____________ (conocer) a los dueños, ellos nos 7. ____________ (invitar) a un café después de comer. Esa misma tarde, mis primos me 8. ____________ (llevar) a conocer Barranco, una zona muy tradicional de Lima. Cuando llegamos allí, vimos que 9. ____________ (haber) un grupo dando un concierto, de modo que no 10. ____________ (irnos) hasta la medianoche. En fin, en las dos semanas que 11. ____________ (estar) con mis familiares todos 12. ____________ (divertirnos) mucho.

Capítulo 6

Nombre ______________ Clase ______________ Fecha ______________

Vamos a escribir

A. Los personajes del cuento ***El club de hombres*** hacen varias generalizaciones. Lee las siguientes preguntas y las posibles respuestas. Recuerda que las generalizaciones son opiniones, así que las respuestas dependen de tu punto de vista. (En esta actividad, ¡no hay respuestas incorrectas!) Escoge la respuesta que en tu opinión es la más válida.

1. ¿Qué generalización hace Gustavo que le causa tantos problemas?
- **a.** que cocinar no es masculino
- **b.** que cocinar es sólo para las chicas
- **c.** que sus amigos se van a burlar de él si saben que le gusta cocinar

2. ¿Qué generalización hacen los muchachos?
- **a.** que siempre hay comida en la casa de Gustavo
- **b.** que la madre de Gustavo es la que siempre prepara toda la comida
- **c.** que no se puede disfrutar un partido de fútbol en la tele sin comida

3. ¿Qué generalización hace Olivia?
- **a.** que es fácil cocinar
- **b.** que es importante ayudar a los amigos
- **c.** que es importante no decirle la verdad a los amigos si se van a burlar de ti

4. ¿Qué generalización hace la abuela de Gustavo?
- **a.** que es importante comer bien
- **b.** que los chicos pueden aprender a cocinar
- **c.** que la comida es mágica

5. ¿Qué aprende Gustavo al final del cuento?
- **a.** que es mejor esconder las habilidades de uno
- **b.** que es mejor decir la verdad desde el principio
- **c.** que los amigos aprecian los talentos de uno

B. Escoge una generalización de la Actividad A. En un párrafo, expresa tu opinión sobre esa generalización y trata de convencer a tus compañeros de clase que tú tienes la razón.

____

____

____

____

____

____

____

____

____

La vida profesional

El currículum vitae

El primer requisito que se va a presentar en cualquier oferta de trabajo es el del **currículum vitae**. El currículum vitae es el resumen de la preparación académica y la experiencia laboral del candidato. El **currículum cronólogico** es el modelo más utilizado. En una hoja aparte, escribe tu currículum vitae usando el formato a continuación.

CURRÍCULUM VITAE

NOMBRE DEL CANDIDATO

Datos personales
Dirección, número de teléfono, e-mail

Objetivo profesional
Aspiro al puesto de ___________

Formación académica
Fechas de matriculación y nombres de los institutos académicos

Idiomas
Idiomas y nivel de conocimiento

Informática
Software y nivel de conocimiento

Experiencia laboral
Fecha, nombre del instituto en el cual trabajó, y breve descripción del trabajo que hizo allí

Nombre ______________________ Clase ______________ Fecha __________

GeoVisión *México*

Antes de ver

A. ¿Qué sabes de México? Escribe una oración sobre cada cosa mencionada a continuación.

1. una batalla ____

____

2. un convento ____

____

3. los habitantes ____

____

4. las pinturas de ____

____

5. las pirámides ____

____

Capítulo 6

Después de ver

B. Empareja los lugares de **GeoVisión** con las descripciones correctas.

_____ **1.** Distrito Federal (o ciudad de México)

_____ **2.** Puebla

_____ **3.** Cholula

_____ **4.** Guadalajara

_____ **5.** Oaxaca

_____ **6.** Veracruz

a. La pirámide de Tipanipa, la pirámide más ancha del mundo, está en esa ciudad.

b. Una ciudad famosa por la talavera

c. Esta ciudad es un puerto en el Golfo de México.

d. Los famosos mariachis y el ballet folklórico son de esta ciudad.

e. la capital de México

f. La gente que vive aquí hace muchas artesanías, como alebrijes, figuras fantásticas de madera.

C. En una hoja aparte, escribe un párrafo sobre lo que aprendiste de México en **GeoVisión.**

Nombre ______________________ Clase ______________________ Fecha ______________

VideoCultura Comparaciones

Antes de ver

A. ¿Qué platos son típicos en tu ciudad o pueblo? ¿Cuál es tu plato preferido? Descríbelo en detalle.

____

____

____

____

Después de ver

B. Empareja los platos a continuación con sus ingredientes.

________ **1.** Los chiles en nogada

________ **2.** El moro de gandules con pescado

________ **3.** El gallo pinto

a. arroz, frijoles, cebolla, chile y cilantro
b. chiles poblanos, carne, pasitas, acitrón, crema, nueces y granada
c. gandules, arroz, salsa, pescado, limón, sal y ajo

Capítulo 6

C. Ahora, debajo de la foto de cada persona, escribe el nombre de su plato regional preferido.

_______________ _______________ _______________

_______________ _______________ _______________

_______________ _______________ _______________

Antes de leer

El orden cronológico La mayoría de los textos cuentan la historia de los protagonistas en orden cronológico. Es decir, en el orden temporal en que ocurren los acontecimientos. De esta manera, el desarrollo del cuento imita la vida: primero pasa una cosa, luego otra, luego otra. Al leer un cuento, es importante notar el orden cronológico de los sucesos.

En orden Hay ciertas palabras que ayudan al lector a descifrar el orden cronológico de un texto. En una hoja aparte, haz un cuando como el siguiente. Pon las palabras de la lista de abajo en la columna correcta de tu cuadro.

Secuencia temporal	Estaciones	En una semana	En un día
ahora	invierno	el sábado	por la mañana

ahora	invierno	por la tarde	primero
después de	primavera	por la noche	mañana
fin de semana	antes de	hoy	el domingo
luego	verano	otoño	
sábado	por la mañana	por fin	

Vocabulario

Los modismos. Los modismos son expresiones del lenguaje coloquial propias a un idioma. Para entender un modismo, hay que considerar el significado de la expresión en su totalidad, porque generalmente no se puede deducir el significado de las palabras individuales que lo forman. Por lo tanto, los modismos no se traducen palabra por palabra a otro idioma. El uso de modismos da vida y personalidad a lo que decimos y escribimos.

dar En el aeropuerto, los negociantes **se dieron la mano** y se despidieron.
—¿Por qué no sales con tus amigos? —Es que no **me da la gana**.

hacer **Se me hace que** es mejor que salgamos temprano.
Se me hizo un nudo en la garganta cuando se murió el héroe.

A. Busca por lo menos cuatro modismos que usan el verbo **dar** en el cuento ***El Monstruo.*** Luego, en una hoja aparte, escribe una oración usando cada uno de los modismos que encontraste.

B. Para cada uno de los verbos a continuación, trata de dar por lo menos un modismo que conozcas o que hayas oído. Luego, en una hoja aparte, escribe una oración con ese modismo. Puedes consultar un diccionario si es necesario.

MODELO meter
ESCRIBES: Héctor metió la pata cuando dijo que Daniel le caía mal.

1. tomar **2.** salir **3.** dejar **4.** echar **5.** creer **6.** sacar

Comprensión

Contesta las preguntas de Comprensión en una hoja aparte.

A. ¿Quién es el narrador del cuento?

B. ¿Cuál es la mayor preocupación del narrador?

C. ¿Qué existe en el cuarto de su hija?

D. ¿Qué decide hacer el narrador?

El monstruo

No puedo creer que Verónica sea mi hija. Yo soy muy organizado, todo en su lugar, un modelo de eficiencia. Si pones las cosas en el mismo lugar cada vez que las guardas (como las llaves o la ropa), entonces nunca perderás tiempo buscándolas. Es una teoría muy sencilla y muy fácil de poner en práctica. No sé por qué esta niña, heredera de mi genética y de mis teorías, no puede mantener su cuarto en orden.

En el centro del cuarto de Verónica existe una pirámide de ropa sucia más alta que la Pirámide del Sol de Teotihuacán. No exagero. Es una monstruosidad. A veces parece que tiene vida propia. Algunos días el Monstruo (como lo hemos nombrado dentro de la familia, cariñosamente, claro) aparece en la sala o en el pasillo, pero su sitio favorito y el que más frecuenta es la habitación de Verónica.

Me dan ansias[1] cada vez que tengo que enfrentar al Monstruo. He tratado de convencer a Verónica que es mejor lavar la ropa y colgarla en vez de amontonarla[2]. Le he ofrecido ayuda, dinero, ropa nueva; le he rogado, la he amenazado, he usado todas las armas de un padre desesperado, pero hasta la fecha, no he tenido éxito.

Anoche soñé que el Monstruo me perseguía, me amenazaba, me iba a consumir por completo. Me desperté gritando. «Esto ya no puede seguir», me dije a mí mismo, «Es absurdo que los hábitos malos y el desorden de una niña de quince años me quiten el sueño».

Resuelto, marcho al cuarto de Verónica. Miro al Monstruo fijamente, sin miedo y le digo a Verónica:

«Te voy a dar un ultimátum».

«¿Cómo?»

«Escucha bien porque no lo voy a repetir».

1 Me pongo nervioso **2** ponerla en un montón

Aunque enfadada, parece prestar atención.

«Te voy a dar dos días para que laves toda la ropa y la guardes. Tienes todo el día de hoy sábado y de mañana domingo. El lunes a las ocho de la mañana, si este montón de ropa todavía está aquí, lo voy a meter en bolsas de basura y llevarlo inmediatamente a *Goodwill*».

«¡Ay, papá! ¡Es demasiada ropa para lavar en dos días! ¡Tengo otras cosas que hacer!»

«No me importa. Les voy a decir a tu madre y a tu hermana que no pueden usar la lavadora este fin de semana. Tú tienes uso exclusivo. Así que, anda, levántate. Cuanto más pronto lo hagas, mejor será para ti».

Le di una mirada más al Monstruo para advertirle[3] de mi superioridad. Sentí un gran alivio. Por fin había tomado una decisión. Resolví no ir al cuarto de Verónica en todo el fin de semana. No iba a observar su progreso. No iba a recordarle, regañarla o animarla. Me prometí no regresar a esa parte de la casa hasta el lunes a las ocho.

Verónica saca notas extraordinarias. Pasa la vida estudiando. Por eso no entiendo este problema con la ropa. Desde chiquita exhibe un interés en las matemáticas y las ciencias. Sus proyectos para sus clases han llegado a competencias nacionales. Tiene el cerebro de un matemático o un científico; por alguna razón inexplicable, no impone[4] ese orden mental en sus alrededores físicos.

¡Ay! Ya no sé qué hacer...
Vamos, ¡ten paciencia!

No sé qué hacer. Quiero distraerme del problema de Verónica. Decido salir a correr. Me gusta correr dos o tres millas los fines de semana. Pienso que es una actividad relajante y beneficiosa. Decido llamar a mi amigo Ricardo, quien a veces me acompaña a correr por la ciudad. Ricardo tiene una hija de la misma edad de Verónica. Podemos hablar mientras corremos.

«Oye, el cuarto de Delia, ¿lo mantiene limpio?»

«Uy, no. Es un desastre».

«¿Tú o María le dicen algo?»

«No. Solamente si nos pide algo, como dinero para un concierto o permiso

3 decirle **4** no aplica

Comprensión

*Contesta las preguntas de **Comprensión** en una hoja aparte.*

E. ¿Que ultimátum le da el padre a Verónica?

F. ¿Cómo es su hija?

G. ¿Qué hace el narrador para distraerse de su problema?

Comprensión

Contesta las preguntas de Comprensión en una hoja aparte.

H. ¿De qué hablan los señores?

I. ¿Por qué motivo dice Ricardo que Verónica algún día va a ponerse a lavar su ropa?

J. ¿Cómo reacciona el señor Aguirre, el papá de Verónica y Olivia?

K. ¿Qué oye el señor Aguirre cuando llega a casa?

L. ¿Dónde está Verónica?

para quedarse fuera más tarde de lo normal. Entonces le decimos que puede hacer lo que quiera, con la condición de que limpie su cuarto. Claro que lo hace enseguida».

«¿Así tan fácil?»

«Sí, más o menos. Y como nos pide algo dos o tres veces por mes, resulta que tiene que limpiar su cuarto dos o tres veces por mes. El resto del tiempo su cuarto parece una zona de guerra».

«Verónica amontona su ropa sucia en medio de su cuarto. Creo que se pone los mismos jeans y la misma camiseta todos los días. No le gusta lavar su ropa. No sé qué hacer con ella».

«No te preocupes, hombre. Un día le va a importar tener ropa limpia y ese día es el día en que se pone a lavar».

«¿Ropa limpia? ¿Por qué motivo?»

«No seas cabeza dura, Jorge. El motivo siempre es un chico».

¡Uy! ¡Un chico! El Monstruo me parecía preferible a un chico. Mis niñas estaban creciendo muy rápido. En solamente dos años, Verónica va a estar en la universidad. No lo puedo creer. Todavía me acuerdo del día en que nació. Lo grabé todo en video. ¡Era una píldora[5]! ¡Y ahora me tengo que preocupar por los chicos!

Cuando llego a la casa, todo está muy quieto. No se oye nada y con eso quiero decir que no se oye el chirrido[6] de la lavadora. Es un silencio profundo. Necesito todos mis poderes de disciplina para no investigar. Decido darme un baño caliente. Mi esposa Nelda está leyendo en nuestra habitación.

«¿Cómo te fue?»

«Muy bien. ¿Dónde está Verónica?»

«Creo que está en la casa de su amigo Miguel».

«¿Miguel? ¿Quién es Miguel?»

«Por favor, Jorge. Miguel es su novio de este mes».

«¿De este mes?»

«Sí, Jorge. El del mes pasado se llamaba Ángel».

5 una pastilla, es decir, algo muy chiquito **6** ruido

Ahora sí que estoy a punto de explotar, como un globo al que le pusieron demasiado aire.

«Pero, ¡Verónica tiene mucha ropa que lavar!»

«Sí, Jorge, me prometió que lo haría al regresar».

Bueno. Tiene hasta el lunes por la mañana. Todavía es sábado. No hay por qué imaginar lo peor. Me baño y me voy a la oficina. No quiero estar en la casa. Llego tarde a casa y duermo muy bien. No hay Monstruos ni novios en mis sueños.

El domingo lo paso fuera de la casa para no tener que controlar mis instintos de padre. Casi no puedo dormir esa noche. Quiero que salga el sol para por fin poder ir al cuarto de Verónica. Suena el despertador y brinco de la cama como un niño el día de Navidad. Son las seis y media. Decido ducharme y preparar el desayuno antes de satisfacer mi curiosidad. ¡Qué día más lindo! La muerte del Monstruo, a costa de lo que sea.

El autobús de Verónica la recoge a las siete y media de la mañana. Medio dormida, se come su cereal y se toma su leche. Me da un beso en la mejilla y se despide, todavía sonámbula[7]. Al cerrarse la puerta, brinco de la mesa y me dirijo a su cuarto. Cuando abro la puerta, casi no lo puedo creer. ¡El Monstruo ha crecido! ¡Está más grande que nunca!

Yo cumplo con mi promesa. Voy directamente a la cocina a coger una caja de bolsas de basura, de esas grandes que se usan para recoger las hojas del jardín. Sistemáticamente empiezo a poner cada artículo de ropa en las bolsas. No sé por qué, pero decido buscar en los bolsillos de los pantalones, los shorts y las camisetas, por si acaso Verónica ha dejado algo importante en ellos. Encuentro un *diskette* con una etiqueta. La etiqueta sólo dice «Miguel Alvarado». Pongo el *diskette* en el bolsillo de mi bata, y acabo con el Monstruo.

El Monstruo ahora no es nada más que cinco bolsas de basura en el baúl de mi carro.

7 caminando dormida

Comprensión

Contesta las preguntas de Comprensión en una hoja aparte.

M. ¿Qué hace el señor Aguirre el sábado? ¿el domingo? ¿el lunes por la mañana?

N. ¿Qué encuentra el señor Aguirre en el cuarto de Verónica?

O. ¿Qué encuentra el señor Aguirre en el bolsillo de unos de los pantalones de Verónica?

P. ¿Dónde está el Monstruo al final del cuento?

Nombre ______________________ Clase ______________________ Fecha ____________

¿Qué piensas tú?

1. ¿Crees que darle un ultimátum a Verónica sobre su ropa es acción justa de padre? Justifica tu respuesta. ______________________

____

2. ¿Es justo que el señor Aguirre haya llevado la ropa de Verónica a *Goodwill*? ¿Por qué si o por qué no? ______________________

____

3. ¿Qué harías tú si fueras el señor Aguirre? ¿si fueras Verónica? Explica. ______________________

____

Ortografía

El sonido /k/. En español el sonido /k/ casi siempre se escribe con la letra **c** o las letras **qu**. Las pocas palabras españolas que se escriben con **k** son derivadas de lenguas extranjeras: *kilogramo, kilómetro, kiwi, koala.*

A. Completa el anuncio para el Supermercado Compracosas con ***c***, ***k*** o ***qu***.

Si usted __iere la comida más fres__a de la ciudad, venga al Supermercado Compracosas. A__uí encontrará el mejor __eso de __abra y el más ex__isito café de Puerto Ri__o. Usted no necesita __ocinar esta noche, pues en Compracosas su cena ya está lista para llevar: sopa de __alabaza, pan __aliente, __arne estofada y flan de vainilla ri__ísimo. Y todo de la más alta __alidad. Esta semana hay des__uentos en los maris__os. El pes__ado está a __inientos pesos el __ilo y los __amarones a trescientos pesos. Y para su próximo pi__nic o barba__oa, ahora hay una gran li__idación de __ubiertos de plásti__o. El Supermercado Compracosas __ueda muy cer__ita de todo, a sólo un __ilómetro del centro.

Capítulo 7

B. Completa las oraciones con ***c*** o ***qu***. Presta atención a las palabras que cambian de ortografía.

1. —¿Está ri__ la sopa? —Sí, está ri__ísima.
2. De chi__ito, a Nando le gustaba hacer travesuras. Ahora que está casado y tiene sus propios chi__os, las travesuras no le gustan tanto como antes.
3. Generalmente, sa__o buenas notas en la clase de inglés pero hoy en la prueba sa__ué una mala nota.
4. Hijito, ¡no te acer__ues al río! Quédate a__í cer__a, por favor.
5. Necesito que mi hermana me expli__e cómo hacer la tarea de geometría. Ya me lo expli__ó una vez pero no entiendo.
6. —¿Dejaste atran__ada la puerta? —Sí, la atran__ué antes de salir y también cerré las ventanas.
7. Ayer to__é el piano una hora entera pero hoy no he to__ado nada.
8. El año pasado Lourdes se cho__ó con una camioneta. Quedó traumatizada por el cho__e y todavía no quiere conducir.

Nombre ______________________ Clase ______________ Fecha __________

Gramática: El modo

El modo expresa la manera en que se presenta la acción. Hay tres modos en español: el indicativo, el subjuntivo y el imperativo. Las terminaciones del verbo indican el modo.

*Creo que todos los muchachos **vienen** en carro.* (indicativo)
*Es mejor que **vengas** temprano mañana.* (subjuntivo)
***Ven** a la tienda conmigo.* (imperativo)

A. Subraya la forma correcta del verbo entre paréntesis para completar las oraciones. Luego escribe en que modo está la forma que escogiste: en el indicativo, el subjuntivo o el imperativo.

1. Juanito, ¿por qué dejas tus cosas tiradas por toda la casa? ¡No (dejas/dejes) las cosas por ahí, por favor!
2. Mi amiga Liliana (come/coma) comida poco saludable. Yo siempre le digo: —¡(Coma/Come) más frutas y verduras.
3. Ya (saben/sepan) todos que queremos dar una fiesta de sorpresa para Ana. Hagamos los preparativos sin que ella sepa lo que estamos planeando.
4. Para ser feliz, ¿es importante que uno (gana/gane) mucho dinero? Mis tíos no ganan mucho pero viven contentos.
5. Lucía, ¿vas a salir esta tarde? Por favor (ve/vayas) al centro, para comprarme unos sellos, ¿sí?
6. Carlos no estudia lo suficiente. Será necesario que (estudia/esudie) más si quiere mejorar sus notas.
7. La directora siempre llega a las ocho. ¿Le podrías dar este recado cuando (llega/llegue), por favor?
8. Silvia (está/esté) mal hoy. No creo que esté muy enferma, pero tiene fiebre.

B. Di en qué modo están los verbos subrayados en las siguientes oraciones del cuento ***El Monstruo:*** el indicativo, el subjuntivo o el imperativo.

1. No <u>puedo</u> creer que Verónica <u>sea</u> mi hija. ______________, ______________
2. Es absurdo que los hábitos malos y el desorden de una niña de quince años <u>me quiten</u> el sueño. ______________
3. <u>Escucha</u> bien porque no lo <u>voy</u> a repetir. ______________, ______________
4. Así que, <u>anda</u>, <u>levántate</u>. ______________, ______________
5. Cuanto más pronto lo <u>hagas</u>, mejor será para ti. ______________
6. Verónica <u>saca</u> notas extraordinarias. ______________
7. Quiero que <u>salga</u> el sol para por fin poder ir al cuarto de Verónica. ______________
8. La muerte del Monstruo, a costa de lo que <u>sea</u>. ______________

Capítulo 7

C. Escribe tres oraciones en el indicativo, tres en el subjuntivo y tres en el imperativo. Pueden tratar de lo que quieras.

Indicativo

1. ____

____

2. ____

____

3. ____

____

Subjuntivo

4. ____

____

5. ____

____

6. ____

____

Imperativo

7. ____

____

8. ____

____

9. ____

____

Vamos a escribir

A. Vas a ir de compras con Verónica. Ella tiene que comprar ropa nueva porque su papá donó toda su ropa usada a *Goodwill.* Primero, en una hoja aparte, haz una trayectoria cronológica de tu día con ella. Usa las siguientes ideas y palabras como: *primero, después, luego, más tarde* y *finalmente* para poner tu día de compras con Verónica en orden cronológico.

- ¿Adónde van de compras?
- ¿Cuántas tiendas visitan?
- ¿Qué compra Verónica?
- ¿Cuánto cuesta lo que compra Verónica?
- ¿Qué no compra Verónica? ¿Por que?
- ¿A qué hora regresan a casa?

B. Ahora, escribe una narración sobre tu día de compras con Verónica. Usa tu trayectoria cronológica de la Actividad A. ¿Qué le gusta a Verónica? ¿Qué no le gusta? Expresa tus opiniones sobre la ropa que compra Verónica. Menciona precios, telas, tallas y colores. También compara algunos de los artículos de ropa.

____

____

____

____

____

____

C. Lo que está de moda cambia todos los días. ¿Cómo es tu vestuario? Completa el cuadro con descripciones de tus conjuntos favoritos. Describe lo que te pones en situaciones formales (como un baile o una fiesta elegante), en situaciones informales (para ver la tele en la casa) y para el colegio. Luego, escribe una breve descripción de ellos.

Situaciones formales	Situaciones informales	Para el colegio

____

____

____

____

____

____

Nombre ______________________ Clase ______________________ Fecha ____________

La vida profesional

Las cartas de solicitud de empleo

Las cartas de solicitud de empleo se escriben cuando un aspirante, al enterarse de un puesto vacante, manda una carta a la empresa solicitando el empleo. Es recomendable incluir lo siguiente en la carta:

- el puesto que se solicita
- la fuente de información por la cual se informó del puesto mencionado
- el currículum vitae, adjunto con la carta y/o los nombres de referencias

Estudia la carta modelo y trata de escribir una carta de solicitud de empleo para un trabajo que te gustaría tener algún día. Usa tu propia experiencia y habilidades para solicitar el puesto.

[Tu dirección]

[Fecha]

[Nombre y dirección de la empresa]

Estimados señores:

Les escribo con relación a su anuncio del 6 del presente mes para un puesto de administradora en su sucursal del centro. En el anuncio se especifica que necesitan a alguien que tenga dos años de experiencia, sea bilingüe y que esté en disposición de trabajar por medio tiempo.

Creo reunir todos los requisitos y les agradecería vieran el currículum que me he permitido adjuntar. Durante los últimos dos años, he trabajado como administradora para una empresa de contabilidad. Actualmente estoy buscando un puesto de tiempo parcial que me permita seguir con mis estudios universitarios.

Me crié en Estados Unidos pero aprendí el español como lengua materna. En mi presente trabajo, atiendo diariamente a clientes hispanohablantes y estoy a cargo de redactar toda la correspondencia en español. Durante mis años con la empresa he traducido nuestra página Web al español. Les remito dos cartas de referencia, una de mi supervisor y otra de mi profesora de español.

Les agradecería se comunicaran conmigo sobre las posibilidades de empleo en su empresa.

Les saluda atentamente,

[firma]

[Nombre]

Nombre ______________ Clase ______________ Fecha ______________

GeoVisión Argentina

Antes de ver

A. ¿Qué sabes de Argentina? Escribe seis oraciones que usen las palabras a continuación para describir a Argentina. Refiérete a una encicopledia si te hace falta.

1. multicolores ______________________________

2. montaña ______________________________

3. náuticos ______________________________

4. paraíso ______________________________

5. símbolo ______________________________

6. turismo ______________________________

Después de ver

Capítulo 7

B. Completa las oraciones sobre los lugares y las cosas de **GeoVisión** con las palabras o frases apropiadas del cuadro a continuación.

turistas	símbolo	tierra	Rosada	montaña

1. La Casa Blanca de Argentina es La Casa ______________.

2. La pampa es una región que tiene ______________ muy fértil. Es buena para el cultivo.

3. La ______________ más alta del continente americano es el Cerro Aconcagua en la provincia de Mendoza.

4. Miles de ______________ de todo el mundo van a Argentina a ver el Glaciar Perito Moreno.

5. El Cabildo es un ______________ de la independecia argentina.

Nombre ______________________ Clase ____________________ Fecha ____________

VideoCultura *Comparaciones*

Antes de ver

A. Escribe una definición de las palabras a continuación.

1. diariamente ____________________
2. distintos ____________________
3. estilo ____________________
4. primeramente ____________________
5. tipos ____________________
6. variado ____________________

Después de ver

B. Mientras ves **Comparaciones**, pon una ✓ junto a las actividades que hacen los entrevistados para mantenerse en forma.

	Miguel	Ivania	Anais
caminar			
correr			
hacer deportes			
hacer gimnasio acrobático			
ir al gimnasio			
nadar			

Capítulo 7

C. Ahora escucha las entrevistas de nuevo y pon una ✓ junto a las actividades que hacen los entrevistados para relajarse.

	Miguel	Ivania	Anais
escuchar música			
hablar con amigos			
hacer yoga			
hacer meditación			
leer			
salir a pasear			

Estrategia

Antes de leer

Comparación y contraste Al leer un texto, el lector frecuentemente hace comparaciones o contrastes entre sus experiencias y las experiencias de los personajes del cuento. De esta manera, el lector puede entender los motivos del personaje y puede determinar si está de acuerdo con las acciones del personaje o no.

8

A. Compara o contrasta Compara o contrasta las siguientes situaciones con situaciones de tu vida. En dos o tres oraciones, explica si tu experiencia es diferente o similar a la de Verónica.

1. Verónica cree que es fea, y para colmo de males, no le gusta su ropa.
2. Verónica quiere salir en una cita con su amigo Miguel, pero no sabe cómo sugerirlo.
3. Verónica perdió el *diskette* de Miguel y ahora cree que Miguel no va a querer salir con ella.

B. En su lugar... Antes de leer el cuento, ponte en el lugar de Verónica. ¿Cómo crees que se siente ella en las situaciones de arriba? En una hoja aparte, escribe una o dos oraciones para cada situación.

Vocabulario

Los prefijos. ¿Qué tienen en común las palabras *infeliz, descuido* y *pretexto*? Todas llevan prefijo. Los prefijos son letras o grupos de letras como *in-*, *des-* y *pre-* que se ponen al comienzo de una palabra o raíz para formar una nueva palabra. Cuando se le añade un prefijo a una palabra, la nueva palabra abarca los significados del prefijo y la palabra original. Por ejemplo, *infeliz* combina el significado del prefijo *in-* (negación) y el de *feliz.* El saber reconocer distintos prefijos es una estrategia muy útil para descifrar palabras desconocidas.

Escribe por lo menos tres ejemplos de palabras con prefijos en el cuadro de abajo. Puedes buscar las palabras en el cuento ***¡No tengo nada que ponerme!***, en otros de los cuentos de este *Cuaderno de práctica* o igual puedes escribir palabras que ya sabes.

Prefijos	Significados	Ejemplos
co-, com-, con-	con, en unión o en compañía de	
de-, des-	negación, inversión; separación	
em-, en-	en, dentro de, entre	
i-, im-, in-	negación; en, dentro de	
inter-	entre, en medio de; entre varios	
pre-	anterioridad	

Comprensión

*Contesta las preguntas de **Comprensión** en una hoja aparte.*

A. ¿Quién es la narradora del cuento?

B. ¿Qué le pasa a la narradora?

C. ¿Con quién se encuentra la narradora en el pasillo?

D. ¿Cómo caracteriza la narradora los dos incidentes?

E. ¿Qué quiere saber la chica?

¡No tengo nada que ponerme!

El día no empezó nada bien. Llegué tarde al colegio y se me olvidó traer el cuaderno con mi tarea de matemáticas. El profesor Matías aceptó mis mil perdones, pero comoquiera me dio más tarea que a los demás. No dormí bien este fin de semana (otra historia) así que me quedé dormida en la clase de inglés y el profesor Walker me despertó cuando dejó caer un diccionario en mi pupitre. El ruido me asustó y al despertar me pegué en la rodilla con en el escritorio.

Todos en la clase casi se mueren de la risa.

Estoy lamentando mi situación de víctima cuando me encuentro con mi mejor amiga Laura en el pasillo.

«Hola, Vero. ¿Cómo andan las cosas?»

«Uy, no me preguntes. Apenas son las diez y media de la mañana y ya he sobrevivido[1] dos desastres».

«¿Desastres?»

La pregunta (y el tono en que la hace) insinúa que no me cree o que no acepta mi caracterización de los dos incidentes que, para mí, no se pueden caracterizar de ninguna otra manera.

«Sí, desastres».

Al estilo, Laura decide no pedir clarificaciones. Es mi mejor amiga, y la quiero como a una hermana, pero a veces su incapacidad para seguir un solo tema de conversación me desespera. Veo que me quiere hacer otra pregunta.

«Oye, ¿qué pasó con Miguel? ¿Hablaste con él?»

El tema que más le interesa a Laura: los chicos.

«No, todavía no».

«Pues, ¿qué esperas, chica? ¡El baile es el fin de semana que viene! ¡Tenemos que hacer planes! ¡Necesitamos ir de compras!»

«Es verdad. No tengo nada que ponerme».

1 superado

La situación con mi vestuario[2] se ha convertido en una verdadera batalla con mi padre. Es que él no entiende. Nada me queda bien. Crecí demasiado rápido este año y no sé qué hacer. Me siento fea. Y la ropa que tengo me hace sentir aún más fea. Sólo me siento bien en mis jeans y mi camiseta. Pero no le puedo explicar esto a papá. Él insiste que su hija mayor es bellísima, ¿pero qué sabe él? ¡Es mi papá! Claro que me va a halagar[3].

«Sabes, leí un artículo en Internet precisamente sobre tu problema».

«¿De mi ropa?»

«No, no, no, de tu problema con Miguel».

Laura de las acrobacias mentales. Me cuesta seguir su línea de pensamiento.

«Clarifica, si me haces el favor».

«Pues, en el artículo, le preguntan a varios jóvenes si creen que es posible transformar una amistad en una relación romántica».

Tengo una larga historia con Miguel. Hemos sido amigos desde los siete u ocho años. Creo que él quiere seguir siendo amigos, pero por primera vez este año, yo he empezado a verlo de otra manera. Me interesaría salir en una cita con él, pero no tengo ni la menor idea cómo sugerirlo. Es más fácil no decir nada. El problema ahora es que, en un momento de descuido[4], le conté a Laura de mi interés.

«Malas noticias, amiga. Los chicos que entrevistaron creen que es imposible; las chicas creen que sí es posible. Típico, ¿no? Nosotras, siempre las optimistas».

«No me sorprende».

La verdad es que no hay nada que pueda sorprenderme hoy, día infeliz desde el principio.

«Mira quién viene ahí. No te voltees. Sigue hablando conmigo».

Los jueguitos sociales de Laura me cansan. Sin embargo, sigo sus instrucciones.

«El momento se ha presentado, amiga mía. El mundo es de los valientes».

2 ropa **3** hacer cumplidos **4** falta de atención

Comprensión

Contesta las preguntas de Comprensión en una hoja aparte.

F. ¿Por qué no le gusta a Verónica su vestuario?

G. ¿De qué se trata el artículo en Internet que menciona Laura?

H. ¿Cuál es la historia entre Verónica y Miguel?

I. ¿Por qué le menciona Laura el artículo a Verónica?

J. ¿Cuáles son los resultados mencionados en el artículo?

Comprensión

Contesta las preguntas de Comprensión en una hoja aparte.

K. ¿Quién quiere hablar con Verónica?

L. ¿Qué quiere?

M. ¿Qué deciden?

N. ¿Por qué cambia de sabor el día de Verónica?

O. ¿Por qué crees que Laura le dice a Verónica que «el mundo es de los valientes» cuando ve a Miguel?

P. ¿Qué ve Verónica cuando entra a su cuarto?

Q. ¿Cómo reacciona?

Con eso, me da un beso en la mejilla y se marcha con determinación, en un aire de misterio como una estrella de Hollywood, no simplemente como una chica de quince años en camino a la clase de matemáticas.

En ese momento llega Miguel. Al verlo siento una invasión de miles de sentimientos, y ninguno de ellos es valentía. ¿Por qué siempre se desaparece Laura cuando más la necesito?

«Vero, el *diskette* que te di ayer, ¿lo tienes contigo?»

El *diskette.* ¿Cuál *diskette*? Examino desesperadamente los archivos de mi memoria de ayer y algo pequeño me molesta, como una hormiga paseándose en mis chanclas[5].

«¿Cuál *diskette*, Miguel?»

«¿No te acuerdas? Tú ibas a casa y yo iba a la casa de Gustavo para ver el partido de fútbol en la tele. Te pedí que me lo cuidaras. Está toda mi tarea de esta semana en ese *diskette*».

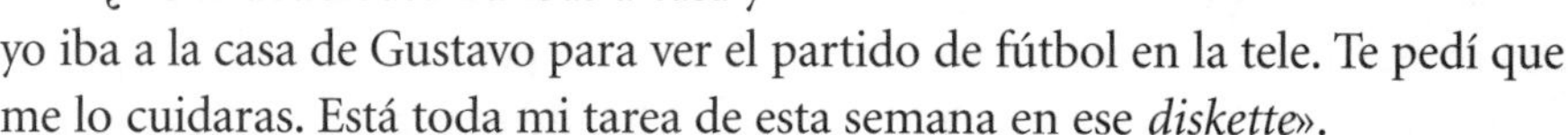

«Ah, ahora sí. Lo puse en el bolsillo de mis pantalones. Ven conmigo a casa después de las clases y lo buscamos. ¿Qué te parece?»

«Perfecto. Te espero enfrente del gimnasio».

Con eso se desapareció en la ola de estudiantes en camino a la siguiente clase. A veces los momentos oportunos que presenta la vida parecen regalos. Sin tener que inventar un pretexto, esta misma tarde iba a tener la oportunidad de hablar con Miguel sobre… sobre… ¿sobre qué? El baile, nuestra relación, ¿la tarea? Oigo la voz de Laura diciéndome «el mundo es de los valientes» y el día amargo por un segundo cambia de sabor.

Después de las clases, Miguel y yo caminamos lentamente a casa, riéndonos e intercambiando cuentos sin consecuencia del día en el colegio. Cuando llegamos a casa, los dos estamos de buen humor y con un poco de hambre. Pasamos a la cocina a ver qué hay de comer. Sirvo dos tazones de helado de chocolate y dejo a Miguel en la mesa para ir a mi cuarto a buscar su *diskette.*

Cuando abro la puerta de mi habitación me encuentro con algo totalmente inesperado y desconcertante: espacio en el piso para caminar. Empiezo a gritar. ¿Dónde diablos está mi montón de ropa? Empiezo a abrir cajones y el clóset para ver si alguien lo ha movido a algún otro sitio. Nada. Estoy en medio de un ataque de pánico cuando veo que Miguel está en el cuarto conmigo, observando lo que tienen que parecer las acciones de una deschavetada[6]. Poco después entra mamá.

5 sandalias **6** loca

«Verónica, ¿qué pasa? Vas a aterrorizar a todo el barrio con esos alaridos[7]».

Ultraconsciente de la presencia de Miguel, trato de recuperar mi equilibrio.

«Mamá, ¿dónde está mi ropa?»

«Esa discusión tiene que quedarse entre tú y tu papá».

Miguel, caballero que es, nota que ésta es una conversación que probablemente no debe escuchar. Muy calladito, trata de salir del cuarto. Le digo que por favor me espere en la cocina.

«Mamá. Por favor, tengo que saber ahora mismo».

«¿Qué te dijo tu papá?»

Es verdad que no siempre le pongo mucha atención a mi padre, pero esa amenaza[8] de llevar mi ropa a *Goodwill* no me pareció auténtica.

«¿*Goodwill*?»

«No hiciste lo que te pidió, Verónica. Muy sencillo».

Vi una mirada de compasión pasar por su cara cuando cerró la puerta detrás de ella.

Me senté en la cama para estudiar mi situación: el *diskette* de Miguel con su tarea de toda la semana, perdido, por mi culpa. ¿Cómo me va a perdonar? ¿Cómo le voy a explicar lo que pasó con su *diskette*? ¿Relación romántica? No va a querer ser mi amigo, mucho menos mi novio. Olvida el baile, olvida la cita, ¡olvida todo! Menos mal[9], como no tengo nada que ponerme.

7 gritos **8** advertencia negativa **9** ni modo

Comprensión

Contesta las preguntas de Comprensión en una hoja aparte.

R. ¿Quiénes vienen a ver lo que pasa?

S. ¿Adónde se va Miguel a esperar a Verónica?

Nombre ______________________ Clase ______________________ Fecha ______________

¿Qué piensas tú?

1. ¿Qué piensa Verónica de su situación con Miguel? ______________________________
____

2. ¿Estás de acuerdo con ella? Justifica tu respuesta. ______________________________
____

3. ¿Qué harías tú si estuvieras en la situación de Verónica? Explica. ____________________
____

Ortografía

El sonido /x/. El sonido /x/ se puede escribir con la *g* o la *j*.

> Por lo **g**eneral, el señor **J**iménez prefiere traba**j**ar en el **j**ardín.
> La **j**efa di**j**o que era ur**g**ente corre**g**ir el error inmediatamente.

A. Completa las oraciones con ***g*** o ***j***. Si no sabes cuál es, busca la palabra en el diccionario.

1. Los pasa__eros se eno__aron cuando el a__ente de via__es les di__o que se había perdido todo el equipa__e.
2. Cuando terminemos estos e__ercicios de ál__ebra y __eometría, la profesora quiere que corri__amos la tarea de ayer.
3. En __ulio tra__eron __eranios y __irasoles del vívero para el __ardín.
4. Eli__ieron a Sonia como presidenta del conse__o estudiantil. Es una chica de ideas ori__inales, y muy traba__adora e inteli__ente.
5. En su homena__e, el __eneral del e__ército elo__ió al sar__ento por su valentía durante la emer__encia.
6. Mi hermana es in __eniera y mi hermano estudia arqueolo__ía y geolo__ía.
7. Me cae bien el profesor de dibu__o. Es una persona de mucha ima__inación y la clase es __enial.
8. Nadie contradi__o a la __efa cuando anunció que era ur__ente fi__ar otra fecha límite para el proyecto.
9. Llovía a cántaros y el via__ero se alo__ó en un refu__io. Aunque había un agu__ero en el techo, no tenía ener__ías para seguir el camino.

Nombre ______________________ Clase ______________ Fecha __________

Gramática: Las formas del presente del subjuntivo

- Las conjugaciones del presente del subjuntivo de los verbos regular son las siguientes:

  -ar: trabaj**e**, trabaj**es**, trabaj**e**, trabaj**emos**, trabaj**éis**, trabaj**en**
  -er: com**a**, com**as**, com**a**, com**amos**, com**áis**, com**an**
  -ir: viv**a**, viv**as**, viv**a**, viv**amos**, viv**áis**, viv**an**

- Los verbos que terminan en **–ar** o **–er** con un cambio entre las vocales de la raíz siguen el mismo patrón que en el presente del indicativo:

  pens**ar:** **pie**nse, **pie**nses, **pie**nse, pensemos, penséis, **pie**nsen
  pod**er:** **pue**do, **pue**das, **pue**da, p**o**damos, p**o**dáis, **pue**dan

- Los verbos que terminan en **–ir** con un cambio entre las vocales de la raíz mantienen el cambio en todas las personas de la conjugación:

  ped**ir:** p**i**da, p**i**das, p**i**da, p**i**damos, p**i**dáis, p**i**dan

- Si la primera persona singular del presente del indicativo es irregular, la misma irregularidad ocurre en el presente del subjuntivo:

  conocer: conozca, conozcas…
  hacer: haga, hagas…
  traer: traiga, traigas…
  decir: diga, digas…
  salir: salga, salgas…
  venir: venga, vengas…

- Hay seis verbos irregulares o con cambios ortográficos en el presente del subjuntivo:

  dar (dé, dés, dé, demos, deis, den)
  estar (esté estés, esté, estemos, estéis, estén),
  haber (haya, hayas, haya, hayamos, hayáis, hayan)
  ir (vaya, vayas, vaya, vayamos, vayáis, vayan)
  saber (sepa, sepas, sepa, sepamos, sepáis, sepan)
  ser (sea, seas, sea, seamos, seáis, sean)

Nombre ______________________ Clase ______________________ Fecha ____________

A. Escribe cada frase en el subjuntivo para completar las oraciones.

MODELO —¿Qué hacemos en Puerto Rico? —Quiero que nosotros…
(ir a la playa/visitar el Morro/hacer una excursión al Yunque)

ESCRIBES: —*Quiero que nosotros vayamos a la playa/visitemos el Morro/hagamos una excursión al Yunque.*

1. —¿Cómo deben comunicarse con nosotros los clientes? —Es mejor que ellos…
(venir mañana por la mañana/llamarnos por teléfono/ir a la oficina)

____

____

2. —¿Por qué me traes tu computadora? —Te la traigo para que…
(jugar a unos juegos/usarla para hacer la tarea/escribir una carta electrónica)

____

____

3. —¿Qué quiere mamá? —Quiere que tú…
(apagar la radio/ir al mercado/conducir con cuidado)

____

____

4. —¿Cuándo me vas a llamar? —Te llamo cuando yo…
(llegar a casa/regresar de la biblioteca/saber algo)

____

____

5. —¿Qué tiene que hacer Julio para mejorar sus notas? —Es necesario que…
(estudiar/acostarse más temprano/pedirles ayuda a los maestros)

____

____

6. —¿Cuándo vamos a ir? —Vamos hoy, a menos que…
(seguir nevando/empezar a llover/hacer mucho frío)

____

____

7. —¿Cuándo pasarás por mí? —Paso por ti cuando yo…
(salir de la escuela/terminar de trabajar/despertarme)

____

____

8. —¿Qué se puede hacer para ser feliz? —Es importante que uno…
(divertirse/tener amigos/tomar las cosas con calma)

____

____

Nombre ______________________ Clase ______________ Fecha __________

Vamos a escribir

A. Pon las siguientes oraciones en orden cronológico, según el cuento.

___ **a.** Verónica se duerme en la clase de inglés.

___ **b.** Verónica empieza a gritar cuando entra a su cuarto.

___ **c.** Verónica llega tarde al colegio.

___ **d.** Verónica se encuentra con su mejor amiga Laura.

___ **e.** Verónica se da cuenta que su papá llevó su ropa a *Goodwill.*

___ **f.** Verónica y Miguel deciden encontrarse después de las clases.

___ **g.** Verónica tiene que hacer más tarea que sus compañeros porque se le olvidó su tarea en casa.

___ **h.** Verónica y Miguel caminan lentamente a casa de Verónica.

B. ¿Alguna vez tuviste un día infeliz como el de Verónica? En una hoja aparte, escribe en una lista las cosas que te pasaron ese día. Puedes inventarlas o puedes describir un día verdadero. Incluye todos los detalles que puedas.

MODELO *No llegué a tiempo al autobús y tuve que correr al colegio.*

C. Ahora escribe una descripción de tu día infeliz en un e-mail a tu mejor amigo(a). Si puedes, incluye algunos ejemplos del presente del subjuntivo para describir lo que te pasó. Describe tu día de una manera cómica para entretener a tu amigo(a).

____

____

____

____

____

____

____

____

____

____

____

____

____

____

La vida profesional

Para pedir una carta de recomendación

Si quieres pedirle una carta de recomendación a un profesor o a alguien con quien hayas trabajado, puedes hacer una llamada, pedírsela en persona, o escribirle una carta. En una hoja aparte, escribe una carta para pedirle una recomendación a uno de tus profesores favoritos. Nota los siguientes saludos y despedidas.

EL SALUDO
El nivel de la de formalidad del saludo depdne de la relación entre el remitente y el destinatario. Algnos saludos posibles son:

Estimado Sr. Robles
Apreciada Sra. Ibarra
Distinguido(s) señor(es):
Muy señor(es) mío(s):

LA DESPEDIDA
Al igual que el saludo, el cierre o la despedida varía según la relación entre el remitente y el destinatario. Algunas posibilidades son:

Atentamente,
Le(s) saluda respetuosamente,
En espera de sus noticias, quedo atentamente,
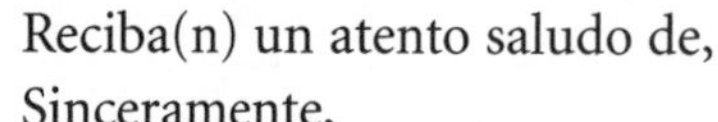
Reciba(n) un atento saludo de,
Sinceramente,
Cordialmente,

Nombre ______________________ Clase ______________ Fecha __________

GeoVisión La Florida

Antes de ver

A. ¿Qué sabes de la Florida? Completa las oraciones a continuación con la respuesta correcta. Luego, ve **GeoVisión** para confirmar tus respuestas.

____ **1.** Florida está en la parte ____ de los Estados Unidos.
a. noroeste **b.** sureste **c.** noreste

____ **2.** Se cultivan muchas _____ en la Florida.
a. naranjas **b.** papas **c.** manzanas

____ **3.** La Florida es famosa por _____.
a. las playas **b.** las montañas **c.** un desierto grande

Después de ver

B. Di si las siguientes oraciones son a) **ciertas** o b) **falsas.** Luego, corrige los comentarios falsos.

1. San Agustín es el pueblo mas antiguo de Estados Unidos.

____

____

2. La Florida es el cuarto estado más pequeño de Estados Unidos.

____

____

3. La Florida se hizo estado permanente de Estados Unidos en 1878.

____

____

4. El explorador Juan Ponce de León reclamó la Florida en nombre de México.

____

____

5. La Florida es famosa por un clima soleado, montañas y naranjas.

____

____

VideoCultura *Comparaciones*

Antes de ver

A. Vas a escuchar a tres hispanohablantes hablar sobre qué les gusta comprar y dónde les gusta ir de compras. ¿Qué palabras anticipas que van a usar? Trabaja con un(a) compañero(a) para hacer una lista de palabras que piensan que usarán los entrevistados. Escriban su lista en los espacios en blanco a continuación.

____

____

____

____

Después de ver

B. ¿Cuántas palabras de tu lista usaron los entrevistados? Pon una ✓ junto a las palabras que escuchaste en las entrevistas.

C. Pon una ✓ junto a las cosas que les gusta comprar a cada persona.

	Dayana	**Miriam**	**Pedro**
música			
ropa			
zapatos			

D. Además de ir de compras, ¿qué más hicieron los entrevistados? Pon una ✓ junto a las cosas que hizo cada uno.

	Dayana	**Miriam**	**Pedro**
comer			
dar una vuelta			
encontrarse con amigos y charlar			
ir al cine			

Antes de leer

La idea central La idea central de un texto es el mensaje, la opinión o la observación que el escritor quiere compartir con el lector. A lo largo del texto, el escritor da muchos detalles que apoyan o ilustran su idea central. Es importante como lector buscar e identificar esos detalles para poder comprender la idea central del escritor.

El narrador El narrador de un cuento es el portavoz del escritor. Identifica al narrador o a la narradora de cada trozo y luego escoge la oración de la lista que más bien ilustra la idea central.

1. No puedo creer que Verónica sea mi hija. Yo soy muy organizado. No sé por qué esta niña, heredera de mi genética, no puede mantener su cuarto en orden.
2. A mí me gusta mucho cocinar, pero creo que mis compañeros de fútbol se van a burlar de mí si se enteran de mi pasión culinaria.
3. ¡No me parece justo! ¡Sólo quería hacer unas galletas para la venta de galletas para el Club de Drama! ¿Qué es lo malo de eso?
4. Esta misma tarde iba a tener la oportunidad de hablar con Miguel sobre... sobre... ¿sobre qué? El baile, nuestra relación, ¿la tarea? Oigo la voz de Laura diciéndome «el mundo es de los valientes» y el día amargo por un segundo cambia de sabor.

a. No cree que debe ser castigada.
b. No cree que sus compañeros puedan aceptar a un fubolista que cocina.
c. No entiende por qué su hija no es más organizada.
d. Cree que todo va a salir bien.

 Vocabulario

Sinónimos. ¿Qué tienen en común los adjetivos *enorme* y *gigante*? Son sinónimos. *Enorme* quiere decir «muy grande, excesivo» y *gigante* quiere decir «colosal, muy grande, imponente». Los sinónomos son palabras que tienen un significado parecido.

Escoge el sinónimo a continuación que mejor corresponde a las palabras subrayadas. Usa las pistas del contexto y ve a lectura ***¡Perdóname!*** si hace falta.

considerándolo	triste	inquietante	excitado

1. Después de un día entero rumiándolo, me decidí por el objeto perfecto: un *diskette.* ________________
2. No sabía que una chica de estatura mediana podía producir un ruido tan alarmante. ________________
3. No sé por qué está alterada. ________________
4. Está decaída. ________________

Comprensión

*Contesta las preguntas de **Comprensión** en una hoja aparte.*

A. ¿Quién es el narrador del cuento?

B. ¿Cuál es el problema del narrador?

C. ¿Qué le sugiere su amigo?

D. ¿Qué decide hacer el narrador?

¡Perdóname!

Fue una mentira pequeña, pequeñita, de ninguna importancia, de veras. Es decir, cuando la inventé me parecía minúscula, casi invisible, sin el poder de causarle daño[1] a nadie. Es lo que seguí pensando de mi pretexto inocente hasta el momento en que se convirtió[2] en un problema gigante.

Lo que pasó fue esto: Arnulfo y yo estábamos en el parque platicando del baile del fin de semana próximo.

«Oye, Miguel, ¿a quién vas a invitar? ¿A Verónica?»

Todos mis compañeros en el equipo de fútbol sabían que yo recientemente había expresado mi interés romántico en Verónica. También sabían que Verónica y yo habíamos sido amigos desde niños y que yo no sabía cómo decirle a Verónica que mis sentimientos hacia ella habían cambiado.

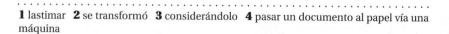

«Es el momento oportuno, ¿no, amigo?»

«Sí, Arnulfo, tienes razón. Pero, ¿cómo lo hago? Necesito un poquito de tiempo con ella a solas, tú sabes, para armarme de valor. Pero Laura siempre está a su lado».

«Fácil, mira. Cuando la veas, dale algo que luego tengas que ir a su casa a recoger».

«¿Cómo qué?»

«Pues pídele que te guarde algo de importancia. Así no le va a parecer raro que la quieras acompañar a casa a recogerlo».

Poco a poco se me estaba iluminando la belleza de su plan.

«Dile que quieres caminar a su casa en vez de ir en autobús, así aquella loca Laura no querrá acompañarlos».

«Arnulfo, ¡eres un genio! ¡Hombre, gracias!»

Sólo persistía el problema de qué cosa darle a Verónica. Después de un día entero rumiándolo[3], me decidí por el objeto perfecto: un *diskette.* Siempre hago mi tarea en computadora y la archivo en *diskette* antes de imprimirla[4]. Si voy rumbo a otro sitio, como a la práctica de fútbol o a la casa de Gustavo, no le va a parecer raro a Vero si le pido que me cuide el *diskette.*

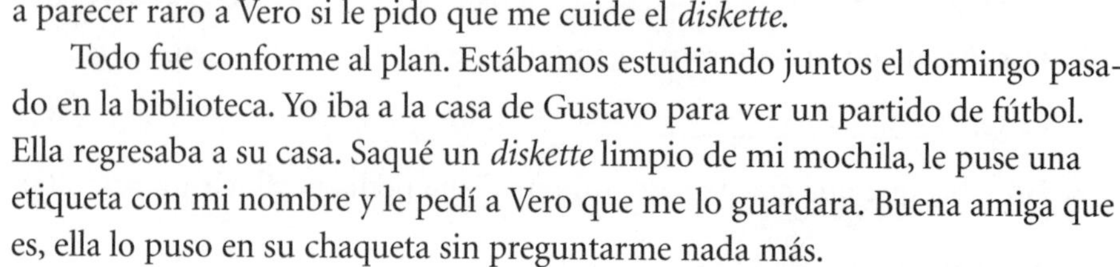

Todo fue conforme al plan. Estábamos estudiando juntos el domingo pasado en la biblioteca. Yo iba a la casa de Gustavo para ver un partido de fútbol. Ella regresaba a su casa. Saqué un *diskette* limpio de mi mochila, le puse una etiqueta con mi nombre y le pedí a Vero que me lo guardara. Buena amiga que es, ella lo puso en su chaqueta sin preguntarme nada más.

1 lastimar **2** se transformó **3** considerándolo **4** pasar un documento al papel vía una máquina

Un día después, estamos en casa de Verónica. No sabía que una chica de estatura mediana podía producir un ruido tan alarmante. Pero en este momento Verónica lo está haciendo. Parece la alarma de un carro, ruidosa, persistente y sin fin. Entro a su cuarto para ver lo que le está pasando. Está buscando algo desesperadamente, en los cajones, en el clóset, por dondequiera. Por fin se da cuenta que estoy en el cuarto con ella. Me da una mirada de terror cuando entra su mamá. Está claro que tienen algo serio que discutir así que trato de retroceder[5] sin que me vean. Verónica me pide que la espere en la cocina.

En la cocina, trato de comerme el helado medio derretido que me sirvió Verónica, pero no me apetece.

«¡Hola, Miguel!»

Es Olivia, hermanita de Verónica y Reina de las Travesuras. No tengo mucha paciencia con ella.

«¿Sabes por qué está gritando Vero?»

«No, no lo sé».

«Yo sí».

Sé que a Olivia le gusta vender información importante así que trato de aparecer indiferente. Aparentemente, no tengo que disimular mucho porque Olivia no se puede aguantar.

«¡Papá llevó toda su ropa a *Goodwill*!» Empieza a reírse a carcajadas.

Siento un poco de alivio. Por un momento creo que yo no tengo nada que ver con los alaridos de Verónica.

Olivia para de reírse. Algo se le ha ocurrido.

«¿Pero, sabes qué? Verónica odia su ropa. ¡Debe de estar loca de gusto! No sé por qué está alterada».

Con eso se levanta de la mesa y sale al patio a jugar. La situación desesperada de su hermana pierde su atracción.

Si no es la pérdida de la ropa entonces, ¿qué será?

Comprensión

Contesta las preguntas de Comprensión en una hoja aparte.

E. ¿Qué pasa en la casa de Verónica?

F. ¿Sabe Miguel por qué está gritando Verónica?

G. ¿Por qué dice Olivia que está gritando Verónica?

H. ¿Cómo se siente Miguel?

5 retirarse

Comprensión

Contesta las preguntas de ***Comprensión*** *en una hoja aparte.*

I. ¿Adónde quiere ir Verónica?

J. ¿Qué quiere saber Miguel?

K. ¿Qué tiene que decirle Verónica a Miguel?

L. ¿Qué tiene que decirle Miguel a Verónica?

M. ¿Qué le dice su conciencia a Miguel?

N. ¿Encuentra Verónica el *diskette* en *Goodwill*?

En ese momento entra Verónica como loca a la cocina. Me agarra del brazo y me pone de pie.

«Cálmate Verónica, tranquila. ¿Qué te pasa?»

«Pronto, tenemos que ir a *Goodwill.* Cierran a las seis. Si nos apuramos podemos llegar antes de que cierren».

Todo pasa muy rápido. En el autobús junto las fuerzas para preguntarle lo que no quiero saber, lo que ya sé muy bien en el fondo de mi corazón: que yo soy la única y sola causa de su angustia[6] y desesperación.

«¿Por qué vamos a *Goodwill*?»

Una mirada de puro dolor pasa por su cara adorable.

«Me dijo tu hermana que tu papá llevó tu ropa allí. ¿Es por eso...?»

«No, no, no. Esa ropa no me importa».

«¿Entonces?»

Parece que le duele mucho decirme lo que me tiene que decir.

«Tu *diskette,* Miguel. Tu *diskette* con toda tu tarea. Está en el bolsillo de uno de los pantalones que papá llevó a *Goodwill*».

Ahora soy yo quien está incómodo. No sé cómo voy a confesarle que ese *diskette* no vale nada. No hay nada archivado[7] en ese *diskette.* Ese *diskette* no es nada más ni nada menos que un pretexto. Un pretexto para invitarla al baile del sábado.

Llegamos a *Goodwill* a tiempo y mientras Verónica examina bolsa tras bolsa de ropa usada, yo batallo con la voz de mi conciencia.

«Dile la verdad».

«¡Me va a matar!»

«No importa. Le tienes que decir la verdad».

«¡No va a querer ir al baile conmigo! ¡Nunca jamás me querrá ver! ¡Mucho menos salir conmigo!»

«No tienes otro remedio».

Estoy en medio de esta discusión interna cuando regresa Verónica a mi lado. Está decaída[8].

«Encontré mi ropa. Pero no tu *diskette*».

6 ansiedad **7** guardado **8** triste

Regresamos a su casa en silencio. Se presentan un millón de oportunidades de explicarle la verdad, de liberarla del dolor que siente por haber perdido mi *diskette.* Pero no encuentro las palabras. El silencio gana todas las batallas. Antes de entrar a su casa, voltea a decirme «Perdóname». Es la misma palabra que he mantenido en mis labios durante todo el viaje a su casa.

Nos encontramos con el padre de Verónica en la cocina. Veo que Verónica quiere hablar con él a solas. Está muy enojada con él. Pero antes de que pueda abrir la boca, el señor Aguirre saca un *diskette* del bolsillo de su bata y se lo pasa a Verónica.

«No debes de dejar cosas importantes en tus bolsillos, hija. La lavadora se las puede comer».

Verónica se queda sin palabras. Su cuerpo se endereza con felicidad. Le da un gran abrazo a su padre y él, un poco perplejo[9], le dice que tienen que hablar luego.

«Buenas noches, Miguel».

«Buenas noches, señor Aguirre».

Verónica me estira el brazo para dirigirme hacia su computadora. Mete el *diskette* en la unidad de disco[10] y me mira sonriendo.

«No más para asegurar que tu tarea está intacta».

Voltea a la pantalla[11] y ve que no hay nada en el *diskette*, ni un solo archivo.

Ahora el «perdóname» me toca a mí.

Comprensión

Contesta las preguntas de Comprensión en una hoja aparte.

O. ¿Qué le da su padre a Verónica?

P. ¿Qué hace Verónica con el *diskette*?

---

9 desconcertado **10** *hard drive* **11** superficie en la que aparecen imágenes en los aparatos electrónicos

Nombre ______________________ Clase ______________________ Fecha ______________

¿Qué piensas tú?

1. ¿Qué piensas de la idea de inventar un pretexto para poder pasar más tiempo con una chica o chico? ______________________

____

2. ¿Lo harías tú? ¿Por qué sí o por qué no? ______________________

____

3. ¿Le salió bien a Miguel? ¿Valió la pena inventar un pretexto? Explica. ______________________

____

Ortografía

Los sonidos /r/ y /rr/. La letra **r** tiene dos sonidos: la /*r*/ simple y la /*rr*/ múltiple. A veces la **r** representa el sonido múltiple. En cambio, la **rr** siempre representa el sonido múltiple.

—¿Quién crees que va a ganar la carrera?
—El pelirrojo. Es argentino y corre más rápido que todos.
—Ya veremos. Mira, van a empezar ahora.

Como la pronunciación de la **r** depende de su posición dentro de la palabra, puede haber confusión al escribir palabras con estos dos sonidos.

A. Completa las oraciones con ***r*** o ***rr***.

1. Antes de salir, el profeso__ tuvo que bo__ar el piza__ón y co__egir las ta__eas que le entrega__on sus alumnos ayer. Tardó bastante porque encont__ó var__ios e__ores.
2. Después de la de__ota a manos de las fue__zas contra__evolucionarias, el gue__ero he__ido le pidió soco__o a un compañero. El otro lo a__astró del campo de batalla y lo escondió detrás de un a__busto al lado del a__oyo.
3. Nadie creía que la policía detuviera al lad__ón de la tienda de mascotas. Sin emba__go, esa misma tarde inte__ogaron a un señor que habían visto co__iendo por la calle con varios cacho__os y pe__os de __aza pura.
4. Esta pastele__ía sirve los mejo__es postres del ba__io, pero el se__vicio es ho__ible. Sentémonos aquí, en la te__aza. ¿Qué te gusta__ía pedir: a__oz con leche o helado de f__esa?
5. En el sótano de la cated__al descub__ieron un ó__gano viejo, un armario __oto, varios libros fo__ados en cuero y un impresionante __etrato del vi__ey, fi__mado por un famoso pintor costa__icense.

Capítulo 9

B. Subraya la palabra correcta entre paréntesis para completar las siguientes oraciones.

1. Los expedicionarios cancelaron la excursión a la cima del (cero/cerro).
2. A Teresa le gustaría comprarse un (caro/carro) nuevo, pero como el modelo que le gusta es tan (caro/carro), no va a ser posible.
3. Los lunes y jueves voy al ensayo de (coro/corro) de mi escuela, y los martes y viernes (coro/corro) con el resto del equipo de atletismo.
4. Regina siempre (ahora/ahorra) parte de su sueldo y (ahora/ahorra) piensa usar ese dinero para comprarse una computadora.
5. Me acabo de (enterar/enterrar) que ayer (enteraron/enterraron) a don Jacinto Flores, vecino de mis tíos. Tenía 91 años.
6. (Mira/Mirra) esta pulsera de (coral/corral) que me regalaron. ¿Te gusta?
7. Ese caballo es muy (fiero/fierro). Por eso lo tenemos apartado en el (coral/corral).
8. De niño, Fernando (quería/querría) ser actor pero ahora estudia para ingeniero. Si fuera posible, él (quería/querría) construir carreteras y puentes cuando se gradúe.

Gramática: El presente del subjuntivo en cláusulas nominales

Una **claúsula nominal** es cualquier cláusula subordinada que funciona como sustantivo. El verbo de la cláusula nominal puede estar en **indicativo** o **subjuntivo**:

Tomás dice ***que él va*** *a la fiesta.* (indicativo)
Él me pide ***que yo vaya*** *también.* (subjuntivo)

El verbo de la cláusula nominal está en el subjuntivo cuando los sujetos de las dos cláusulas son diferentes y cuando la cláusula principal expresa estos conceptos:

1. Influencia o voluntad:
   Quiero que *me* ***digas*** *la verdad.* ***Ojalá*** *todos* ***lleguen*** *sin problema.*
2. Duda o negación:
   Dudo que salgamos *esta noche.* ***Nadie cree que*** *el candidato* ***tenga*** *razón.*
3. Emoción:
   Me alegra que quieras *venir.* ***Es triste que*** *no* ***podamos*** *vernos más.*
4. Juicio u opinión:
   Es natural que éstes *preocupado.* ***Es malo que*** *el autobús no* ***pase*** *por aquí.*

Nombre _______________ Clase _______________ Fecha _______________

A. Subraya la forma correcta del verbo entre paréntesis para completar las siguientes oraciones. Para cada oración, explica por qué optaste por el indicativo o el subjuntivo.

1. Es evidente que todos (están/estén) aburridos. _______________
2. Mis papás me piden que (habla/hable) menos por teléfono. _______________
3. Nadie cree que (es/sea) buena idea hacer la excursión hoy. _______________
4. Está claro que Julia (domina/domine) el español. _______________
5. Samuel está feliz de que (podemos/podamos) ir a visitarlo esta tarde. _______________
6. Es posible que (hay/haya) otra tormenta esta noche. _______________
7. Es necesario que (llevamos/llevemos) el carro al taller. _______________
8. No dudo que todos mis amigos (van/vayan) a tener mucho éxito. _______________

B. Completa el párrafo sobre el comienzo del cuento ***«Caperucita Roja»*** con la forma correcta del verbo entre paréntesis. Usa el presente del indicativo o el presente del subjuntivo.

Resulta que la abuela de Caperucita Roja **(1)** __________ (estar) enferma y guardando cama. La mamá de Caperucita sabe que a su hija le **(2)** __________ (encantar) visitar a su abuela. Entonces le sugiere a ella que **(3)** __________ (ir) a la casa de la abuela y que le **(4)** __________ (llevar) algo de comer. También le dice que no **(5)** __________ (hablar) con desconocidos al pasar por el bosque y que **(6)** __________ (tener) mucho cuidado con el lobo malvado. Mientras camina por el bosque, Caperucita Roja **(7)** __________ (encontrarse) con el lobo. Como es tan ingenua, le dice al lobo que la abuelita la **(8)** __________ (estar) esperando en su casita. La pobre no se da cuenta de que el lobo **(9)** __________ (tener) un plan atroz: ir a la casa y comerse a las dos. Cuando Caperucita Roja llega a la casa, piensa que el lobo disfrazado **(10)** __________ (ser) la abuela.

Nombre ______________________ Clase ______________ Fecha ________

Vamos a escribir

A. En una hoja aparte, escribe un diálogo entre Verónica y Miguel como el que ocurre al final de este capítulo. ¿Cómo se siente Verónica cuando se da cuenta que no hay nada en el ***diskette***? ¿Cómo se siente Miguel cuando se da cuenta que Verónica también quiere salir con él? ¿Cómo termina el cuento entre Verónica y Miguel— ¿están enojados, contentos, felices, avergonzados? Si quieres, dramatiza la situación para la clase con un(a) compañero(a).

B. Escribe una composición desde el punto de vista de uno de los personajes de los Capítulos 5–9. ¿Cómo te sientes? ¿Cómo se sienten los demás? ¿Por qué? ¿Qué les pasó hoy? Sé creativo(a) y usa los detalles del cuento si quieres.

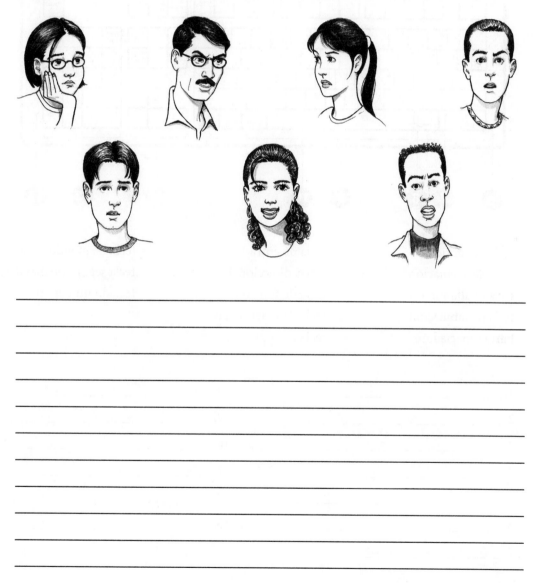

____

____

____

____

____

____

____

____

____

____

____

____

Capítulo 9

Nombre ______________________ Clase ______________________ Fecha ______________

La vida profesional

El teclado

Hay muchas teclas en el teclado de la computadora ¿Sabes cómo se llaman las teclas? Pon la(s) palabra(s) junto a la tecla a la que se refiere.

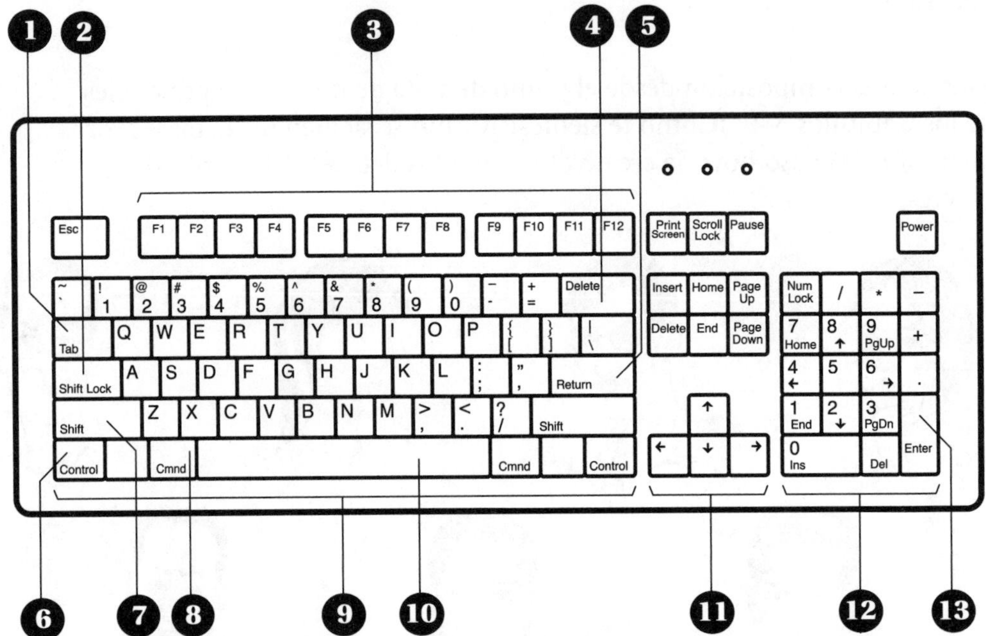

tecla de servicio	tecla de entrada	tecla de mando
tecla de aceptación	teclas direccionales	tecla seguro de mayúsculas
teclado alfanumérico	tecla de función	teclado numérico
tecla de tabulación	tecla de mayúsculas	
barra espaciadora	tecla de supresión	

1. ______________________
2. ______________________
3. ______________________
4. ______________________
5. ______________________
6. ______________________
7. ______________________
8. ______________________
9. ______________________
10. ______________________
11. ______________________
12. ______________________
13. ______________________

Capítulo 9

Nombre ______________________ Clase ______________ Fecha __________

GeoVisión República Dominicana

Antes de ver

A. Completa las oraciones con las palabras correctas del cuadro. Luego, en una hoja aparte, escribe otra oración usando la misma palabra.

colección	segundo	estilo	imitar	ocupa

1. A mi hermano menor le gusta ______________ a Buzz Lightyear.
2. La biblioteca de nuestra ciudad está construida al ______________ moderno.
3. Tengo una cama grande. La cama ______________ toda la habitación.
4. En el museo, hay una buena ______________ de arte.
5. John Adams fue el ______________ presidente de Estados Unidos.

Después de ver

B. Completa las oraciones de **GeoVisión** con las palabras apropiadas del cuadro.

iguanas	anfiteatro	ciudad	Sammy Sosa
Quisqueya	Taíno	cascada	

1. La República Dominicana tiene otro nombre: ______________
2. ______________ viene de San Pedro de Macorís.
3. Hay un ______________ en Altos de Chavón.
4. En el Museo Arqueológico Nacional hay una colección de arte ______________.
5. ______________, selenodón y otros animales viven en el Parque Nacional del Este.
6. En Jarabacoa, hay una ______________ muy grande.
7. Santiago de los Caballeros es la segunda ______________ del país.

Capítulo 9

Nombre _______________ Clase _______________ Fecha _______________

VideoCultura *Comparaciones*

Antes de ver

A. ¿Cuál es tu día festivo preferido? ¿Cómo lo celebras? Escribe un párrafo sobre tu día festivo favorito.

____

____

____

____

Después de ver

B. Lee los comentarios a continuación. Luego, después de ver **Comparaciones,** completa cada comentario con la palabra o frase más adecuada.

_______**1.** El día festivo favorito de Diana es _____.
a. el Día de la Independencia
b. el Día de Gracias
c. la Navidad

_______**2.** La familia de Diana pasa la Navidad _____.
a. en la casa de unos tíos
b. en la casa de los abuelos
c. en la casa de unos amigos

_______**3.** La Semana Santa, Waldemar y su familia fueron _____.
a. a la iglesia
b. a la casa de los abuelos
c. a un restaurante

_______**4.** La Semana Santa se celebra la segunda semana de _____.
a. marzo
b. abril
c. mayo

_______**5.** Larry es de _____.
a. Puerto Rico
b. la Républica Dominicana
c. El Paso

_______**6.** El día festivo favorito de Larry es _____.
a. la Nochebuena
b. San Juan Bautista
c. el Día de los Reyes Magos

Antes de leer

Elementos literarios Para apreciar un texto, es importante reconocer los elementos literarios que usa el autor. Algunos elementos literarios son: **la caracterización, el tema, el conflicto, el clímax, el desenlace, el punto de vista, el ambiente** y **el diálogo,** entre otros.

Definiciones ¿Cuánto sabes de la literatura? Completa las siguientes definiciones con el elemento literario correcto de la lista de arriba.

1. ____________________ es el tiempo y lugar en que se desarrolla la acción de una narración.

2. El conjunto de técnicas que utiliza un escritor para crear a los personajes de una obra literaria se llama ____________________.

3. ____________________ es el momento culminante de un cuento, un drama o una novela en el que se determina su desenlace.

4. El elemento central de un cuento, un drama o una novela es ____________________, o la lucha entre personajes o fuerzas opuestas.

5. ____________________ es la conversación entre los personajes de un cuento, una novela o un drama.

6. En ____________________ se resuelven definitivamente los conflictos.

7. ____________________ de una historia es la posición desde la cual está narrada.

8. La idea principal de una obra literaria se llama ____________________.

Vocabulario

Antónimos. ¿Cuál es la relación entre *gozo* y *miseria*? Son antónimos. *Gozo* significa «alegría» mientras que *miseria* significa «tristeza, desdicha». Los antónimos son palabras que tienen significados opuestos. Se usan para presentar un contraste: Laura es extrovertida; Verónica es introvertida. Escoge la frase o palabra antónima a las palabras de la primera columna.

1. valiente	**a.** héroe
2. complicado	**b.** tranquilo
3. misterioso	**c.** claro
4. nervioso	**d.** cobarde
5. villano	**e.** afortunado
6. desastroso	**f.** sencillo

Comprensión

Contesta las preguntas de Comprensión en una hoja aparte.

A. ¿Quién es la narradora del cuento?

B. Según la narradora, ¿en quienes se centra la historia?

C. ¿Con qué obra famosa compara esta historia?

D. ¿Cómo explica la narradora el *diskette* sin archivos?

El clavel pisoteado

Ay, no, mi vida es como una telenovela, de veras: llena de drama, villanos, caos y malentendidos. En realidad la historia se centra en mi mejor amiga Verónica y su querido amigo, Miguel. Es la versión moderna de Romeo y Julieta: dos personas que se quieren mucho pero no pueden encontrar la manera de unirse. Desgraciadamente, a mí me tocó el papel de villana.

Todo empezó inocentemente, el martes por la mañana.

Verónica y yo estamos hablando del desastre con el *diskette* de la noche anterior.

«¿Por qué me dio un *diskette* para cuidar que no contenía ni un solo archivo? No lo entiendo para nada».

«¿Cómo te lo explicó?»

«No dijo nada. Se fue corriendo cuando mi papá metió la cabeza para recordarme que era noche de escuela».

«Pues, yo creo que es mejor interpretar sus acciones de una manera positiva».

«Sí, claro, estoy de acuerdo, pero, ¿cómo?»

Uno de mis talentos es pintar la historia como más me convenga. Es un don que he utilizado en más de una ocasión.

«Pues, quizás usó el *diskette* como un pretexto...»

«¿Pretexto? ¿Para qué?»

Una vez que le doy cuerda a una idea, es casi imposible ponerle freno.

«Ay, Verónica. Tienes una imaginación romántica verdaderamente anémica. Un pretexto para verte *a solas*».

«¿A solas? ¿Para qué?»

Verónica a veces me desespera. Cuando tiene que ver con las ciencias o las matemáticas, entiende inmediatamente las teorías más complicadas y abstractas. Pero cuando tiene que ver con un chico (no puede haber una criatura más simple), las conclusiones más obvias la eluden[1].

«Quizás te quería invitar al baile».

La mirada de sorpresa, confusión y comprensión que invadió su cara me hizo gracia.

«Ay, Verónica. No es la teoría de la relatividad. Es la ciencia del corazón».

«¿De veras? ¿Crees que me quiere invitar al baile?»

«Estoy cien por ciento segura».

«Pues, ¿qué voy a hacer?»

Ésta es la pregunta que desencadena[2] una tragicomedia de proporciones Shakesperianas.

«Vas a escribirle una nota anónima. Escríbela por computadora, así no podrá reconocer tu letra».

«¿Y qué voy a decirle en la nota?»

«Que te encuentre en el baile. Tú serás la chica con el clavel rojo».

«¿Por qué anónima?»

«Para darle un aire de misterio. Ay, Vero, a veces parece que vives en otro planeta. No hay chico vivo a quien no le intrigue una nota misteriosa. Irá al baile sin pensarlo dos veces».

«¿Por qué un clavel rojo?»

«Cambia la flor si quieres. Es solamente una forma de identificación».

«¿Cómo le voy a entregar la nota?»

«Yo se la voy a entregar. Temprano, antes de las clases, voy a meterla en una ranura de su lóquer».

«No sé. Tengo mis dudas».

«Por Dios, chica, es martes. El baile es el sábado. Tienes que actuar pronto».

Por fin la convencí. Esa noche me dio una nota anónima para entregarle a un señor Miguel Alvarado, valiente en el campo de fútbol, cobarde en el campo del romance.

1 escapan su comprensión **2** provoca

Comprensión

Contesta las preguntas de Comprensión en una hoja aparte.

E. Según Laura, ¿qué debe hacer Verónica?

F. ¿Por qué dice Laura que la nota debe ser anónima?

G. ¿Cuál flor menciona Laura?

H. ¿Quién va a entregar la nota?

Comprensión

Contesta las preguntas de Comprensión en una hoja aparte.

I. Según Laura, ¿la ve alguien meter la nota en el lóquer de Miguel?

J. ¿Con quién se encuentran las chicas?

K. ¿Adónde dicen que van los chicos?

L. ¿Cree Laura que van allí? ¿Por qué cree o no cree que van adónde dicen?

M. ¿Cómo pasaron la tarde las chicas?

N. ¿Qué le da Verónica a Laura mientras ella va al baño a peinarse?

Tempranito la mañana siguiente llego al colegio antes que nadie, o es lo que creo cuando meto la nota en el lóquer de Miguel.

Por la tarde, Verónica y yo estamos caminando por el patio de recreo cuando nos encontramos con Arnulfo y Miguel. Le estoy diciendo a Verónica que entregué la carta sin problema. Verónica se queda paralizada cuando ve a Miguel. Me toca a mí quebrar el silencio.

«Hola, Miguel, Arnulfo. ¿Cómo les va?»

Los dos parecen estar nerviosos.

«Pues, más o menos bien, Laura».

Con esa respuesta tibia, tratan de escaparse. No tan fácil, chicos. Están tratando con una profesional.

«¿Van a ir al baile?»

Se miran uno al otro con algo semejante al terror. Por fin, Arnulfo responde.

«Sí, pues sí, pero no podemos hablar ahora porque llegamos tarde a la práctica de fútbol».

Con eso, agarra el brazo de Miguel y lo tira en la dirección opuesta al campo de fútbol. Les grito desde la distancia:

«Arnulfo, Miguel, el campo está por acá». Les señalo, pero fingen[3] no verme.

«Aquí hay algo sospechoso, muy sospechoso».

Cuando volteo a ver a Verónica, está en estado de *shock*.

«¿Qué te pasa, Vero? Parece que viste un fantasma».

«Tu plan falló, Laura. ¿No viste cómo Miguel no me quiso ni mirar? ¡Qué horror! No sé por qué te hago caso».

«Ay, Verónica, ¡qué exagerada eres! Tranquila, todo va a salir bien, cuenta conmigo».

Pasamos el resto de la tarde buscándole un vestido apropiado para el baile, algo que hiciera juego con el clavel rojo.

Cuando llegamos al baile, Verónica estaba muy nerviosa. Me pidió que le tuviera el clavel mientras iba al baño para peinarse una vez más. Mientras la

3 simulan

esperaba, llegaron Arnulfo y Miguel juntos. Cuando vio Miguel el clavel en mi mano, se le cayó la cara al suelo.

«Ya ves, Miguel, te dije. Fue Laura quien te dejó la nota. Yo mismo la vi ponerla en tu lóquer».

Antes de que tuviera tiempo de aclarar la situación, Verónica aparece a mi lado. Ve que Miguel está molesto y en vez de enfrentar la situación, se va corriendo hacia la salida.

«¡Verónica! ¡Ten tu clavel! ¡No te vayas sin tu clavel!»

Al oír esto, la tormenta en la cara de Miguel se convierte milagrosamente en un solazo brillante.

«¿Ella? ¿Verónica es la del clavel?»

«Sí, tonto, anda, síguela, llévale el clavel».

Le tiro el clavel y empieza a correr como si estuviera corriendo para hacer el *touchdown* ganador. Se queda Arnulfo a mi lado.

«¿Entonces no era tuya la nota?»

«No, no, era de Verónica. La entregué por ella porque sería típico de Verónica tener una crisis de confianza al último momento».

«Ah, pues fue mi error, entonces. Como yo te vi meterla al lóquer de Miguel, le dije que tenía que ser de ti».

«Y cuando me vio con el clavel, se confirmó tu sospecha. Qué complicada es la vida, ¿no crees?»

En ese momento, vi que Miguel y Verónica estaban bailando completamente felices, en otro mundo, como si no hubiera ninguna otra persona en todo el edificio, como si nunca hubieran pasado por los dolores del primer amor.

«¿Quieres bailar?»

«Sí, Arnulfo, ¿por qué no?»

Salimos a la pista de baile y sentí algo debajo de mi zapato. Bajé la mirada para ver que era: un clavel pisoteado.

. . . .

Comprensión

Contesta las preguntas de Comprensión en una hoja aparte.

O. ¿Por qué cree Miguel que Laura es quien escribió la nota?

P. ¿Qué hace Verónica cuando ve que Miguel está molesto?

Q. ¿Cómo aclara la situación Laura?

R. ¿Quién sigue a Verónica?

Nombre ______________________ Clase ______________________ Fecha ____________

¿Qué piensas tú?

1. ¿Crees que la idea del clavel rojo fue buena o mala? Explica. ______________________

____

2. ¿Crees que Laura exagera cuando dice que lo que pasó entre Verónica y Miguel es una «tragicomedia de proporciones Shakesperianas»? ¿Por qué sí o por qué no? ____________

____

3. ¿Es un final feliz? ¿Por qué sí o por qué no? ______________________

____

Ortografía

Las letras *m, n* y *ñ*. Aunque la **n** y la **m** son letras con sonidos bien diferenciados, hay que tener cuidado cuando la **n** se encuentra antes de una **b, p, v** o **m** porque entonces se pronuncia como una **m**, así que la expresión *un poco* suena como **umpoko**. Otros ejemplos son:

un baile   **buen v**iaje   **con p**ollo   **en b**otella

Ciertos prefijos, como co**n**-, i**n**- o e**n**- se escriben con **n**:

e**n**mienda   co**n**mover   i**n**moral   i**n**menso   envase

La **ñ** (con tilde) es semejante al sonido de la **ny** en inglés:

España   año   señor   moño   niña   teñir

A. Completa con una ***m*** o ***n*** las siguientes palabras.

1. co__isión
2. a__otación
3. co__memorar
4. i__migración
5. co__unicar
6. gra__ática
7. a__ual
8. aco__odar
9. a__iversario
10. i__mediato

Nombre ______________________ Clase ______________ Fecha __________

B. Completa las siguientes palabras con la consonante correcta, ***n*** o ***ñ***. En algunos casos, puede haber más de una respuesta correcta. Busca las palabras en el diccionario si hace falta.

1. ni__o
2. ca__a
3. ce__a
4. pu__o
5. espa__ol
6. ba__o
7. se__or
8. lla__o
9. le__a
10. fi__o

C. Completa las palabras de las siguientes frases con una ***m***, ***n*** o ***ñ***.

1. A __e__udo hago las co__pras e__ el __ercado.
2. E__ __éxico pagué 100 pesos por u__ bistec.
3. Trabajé como depe__die__te e__ u__a tie__da de ropa elega__te.
4. El se__or Nú__ez compró u__a pi__ata para el cumplea__os de su ni__a.

Gramática: El presente del subjuntivo en cláusulas adverbiales

- Un **adverbio** expresa cómo, cuándo, dónde o por qué ocurre una acción:
  Paso por ti **inmediatamente**.
- De la misma manera, una cláusula adverbial puede estar en **indicativo** o **subjuntivo**.
  Me llamó tan pronto como ***pudo****.* (indicativo)
  Me va a llamar cuando ***llegue*** *a casa.* (subjuntivo)
- La cláusula adverbial va unida con la cláusula principal por **conjunciones condicionales** o **conjunciones temporales**.
  1. Las **conjunciones condicionales** más frecuentes son: *a menos (de) que, con tal (de) que, en caso (de) que, para que, a fin de que, sin que.* Estas conjunciones siempre van seguidas por un verbo en el subjuntivo.
     Pensamos ir hoy ***a menos (de) que llueva****.*
  2. Las **conjunciones** temporales más frecuentes son: *antes de que, cuando, después de que, en cuanto, hasta que, mientras, tan pronto como.* Estas conjunciones (con la excepción de *antes de que*) pueden ir seguidas por un verbo en indicativo o subjuntivo. Después de una conjunción temporal, se usa el indicativo para referirse a acciones cumplidas o habituales. En cambio, se usa el subjuntivo para referirse a acciones futuras. La única excepción es *antes de que*, que siempre va seguida por el subjuntivo.

Acciones cumplidas/habituales	**Acciones futuras**
Siempre ceno ***cuando llego*** *a casa.*	*Voy a salir* ***cuando*** *él* ***llegue****.*

Nombre ______________________ Clase ______________________ Fecha ____________

A. Lee cada oración e indica si el verbo subrayado se refiere a una acción cumplida, una acción habitual o una acción futura. Explica por qué se usa el subjuntivo o el indicativo en cada caso.

1. No me fui hasta que se acabó el programa. ______________________
2. Iremos a la playa a menos que llueva. ______________________
3. Germán vino en cuanto pudo, pero ya se habían ido todos. ______________________
4. Estoy llamando a la agencia de viajes para que me hagan una reservación. ____________
5. No voy sin que me digan la dirección. ______________________
6. Saco dinero los viernes cuando voy al banco. ______________________
7. Cuando hablemos con Marta, nos contará qué pasó en la fiesta. ______________________
8. Quiero comprar una nueva bicicleta con tal de que no sea demasiado cara. ____________

B. Para completar las oraciones, subraya la forma correcta del verbo entre paréntesis. Para cada oración, explica por qué optaste por el indicativo o el subjuntivo.

1. Salió para España tan pronto como le (mandaron/manden) el pasaporte. ____________
2. Escondamos los regalos sin que Susana se (da/dé) cuenta. ______________________
3. Papá me va a llevar a Chile para que (conozco/conozca) a mis tíos. ____________
4. Mi abuela se va a quedar con nosotros hasta que (terminan/terminen) las vacaciones.

   ____

5. Cuando fuimos a San Antonio, (visitamos/visitemos) las misiones. ____________
6. Hagamos la comida antes de que (llegan/lleguen) los invitados. ____________
7. Voy a hablar con el profesor Ramos a fin de que me (dice/diga) su opinión. ____________

   ____

8. Vamos a salir tan pronto como (deja/deje) de llover. ______________________

C. Escribe un párrafo que describa tus planes e ideas para el futuro. Explica lo que piensas hacer tú y también menciona lo que tus familiares, amigos y profesores tienen planeado para ti. En tu descripción incluye las siguientes conjunciones.

Conjunciones: antes de que, para que, después de que, tan pronto como, con tal (de) que, en cuanto, hasta que

____

____

____

____

Nombre ______________________ Clase ______________ Fecha ____________

Vamos a escribir

A. Ejemplos En los cuentos de los últimos cinco capítulos la autora ha usado todos los elementos literarios mencionados a continuación. ¿Puedes identificar, en los Capítulos 5–9, ejemplos de estos elementos literarios?

1. el tema	**3.** el punto de vista	**5.** el conflicto	**7.** el diálogo
2. la caracterización	**4.** el ambiente	**6.** el desenlace	**8.** el clímax

B. ¡Ahora tú eres escritor(a)! Ahora puedes escribir tu propio cuento. Sigue los pasos siguientes y tendrás los ingredientes para hacerlo.

1. **El tema** ¿Cuál es el tema de tu cuento? Escoge un tema que te interese personalmente. Por ejemplo, si tú crees que los jóvenes deben tener más libertades, escoge un tema que exprese ese sentimiento.
2. **El ambiente** ¿Cuál es el tiempo y lugar en que se desarrolla la acción de la narración?
3. **Los personajes** Inventa de dos a cuatro personajes que ilustren tu tema de una manera cómica o interesante. Para cada personaje, decide las siguientes características:
   - nombre, edad, nacionalidad
   - características físicas y de personalidad
   - gustos y disgustos
   - detalles importantes de su historia
4. **Conflictos** Define cuál es el conflicto central del cuento. ¿De quién es el conflicto? ¿Es un conflicto interno (la lucha tiene lugar dentro de la mente de un personaje) o un conflicto externo (un personaje lucha con otra persona, un grupo o una fuerza de la naturaleza)?
5. **El punto de vista** ¿El punto de vista de cuál personaje va a ilustrar el conflicto central de la manera más interesante? Escoge el personaje que va a ser tu narrador o narradora.
6. **El clímax** ¿Dónde y cuándo ocurre el momento culminante del cuento, el punto que determina su desenlace? Escoge una situación en la cual el clímax puede ocurrir de una manera muy dramática. (Por ejemplo, el baile en este capítulo tiene muchas posibilidades dramáticas.)
7. **El desenlace** ¿Dónde y cómo se resuelve definitivamente el conflicto central del cuento?
8. **El diálogo** Ahora escribe un diálogo entre algunos de tus personajes que sirva para presentar la situación básica del conflicto central de tu cuento. (Por ejemplo, la conversación entre Laura y Verónica en este capítulo sobre la nota anónima presenta la situación que causa el malentendido entre Miguel y Verónica.)

La vida profesional

Las entrevistas

Es probable que vayas a tener una entrevista antes de que te den el puesto que solicitaste. Las entrevistas se pueden realizar en persona o por teléfono. Algunos consejos que te ayudarán a tener una entrevista positiva.

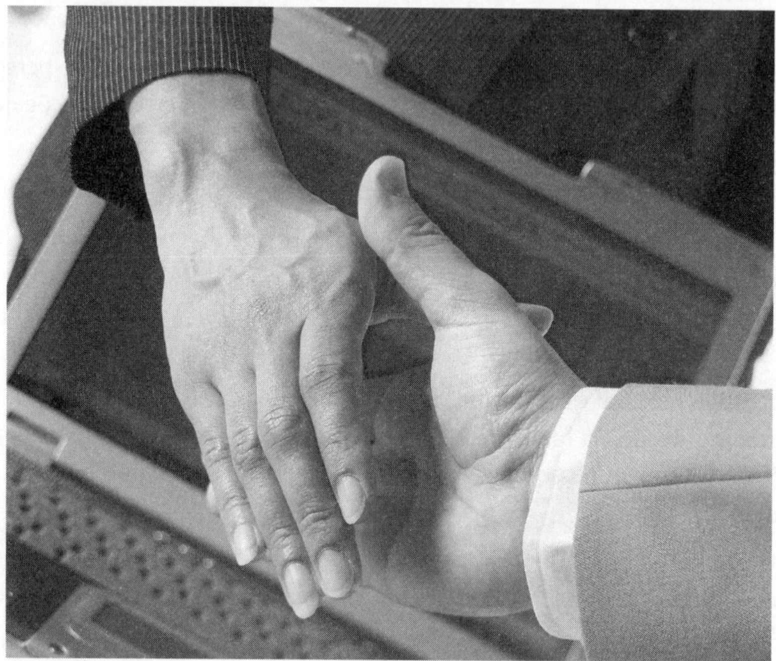

Antes de la entrevista

- Haz una lista de las características y habilidades que crees que te ayudarán conseguir el trabajo.
- Prepara una serie de preguntas que crees que te van a hacer en la entrevista, y piensa en respuestas apropiadas.
- Confirma la hora de la cita para la entrevista. Sé puntual.

Durante la entrevista

- Sé amable y cortés.
- Mira al entrevistador directamente en la cara cuando contestas sus preguntas.
- No interrumpas al entrevistador.
- Muestra respeto al entrevistador.
- Habla claramente y en oraciones comprensibles y breves.
- Al final de la entrevista, agradécele a la persona su tiempo y ayuda.

Después de la entrevista

- Escribe una breve nota de agradecimiento al entrevistador.

Nombre ______________________ Clase ______________ Fecha ____________

Antes de ver

A. ¿Qué sabes del Perú? Vas a escuchar las siguientes palabras en la **GeoVisión** sobre Perú. Escribe una oración que describa al Perú usando cada palabra que sigue.

1. balcones ______________________

2. conocido ______________________

3. costa ______________________

4. indígena ______________________

5. profundo ______________________

6. valles ______________________

Después de ver

B. Empareja cada cosa o lugar de **GeoVisión** con la descripción apropiada.

_____ **1.** español y quechua

_____ **2.** Lima

_____ **3.** Las ruinas de Machu Picchu

_____ **4.** las líneas de Nazca

_____ **5.** Canyon de Calca

_____ **6.** Lago Titicaca

_____ **7.** totora

_____ **8.** el Parque Nacional de Manú

a. El lago navegable más alto del mundo.
b. Figuras grandes, perfectas y misteriosas. Sólo se ven desde el aire.
c. tiene más de ochocientas especies de aves y doscientas especies de mamíferos.
d. Los habitantes del lago Titicaca usan esa planta para construir casas y balsas.
e. El sitio arqueólogico más conocido de las Américas.
f. Los idiomas oficiales del Perú.
g. El cañón más profundo del mundo.
h. La capital del Perú. Está en la costa.

Nombre ______________ Clase ______________ Fecha ______________

Antes de ver

A. Contesta las siguientes preguntas sobre tus últimas vacaciones.

1. —¿Adónde fuiste y qué hiciste la última vez que viajaste?

—Fui a ______________________________.

2. —¿Fuiste solo(sola) o con tu familia ?

—Fui ______________________________.

3. —¿Qué hiciste?

____

____

____

Después de ver

B. Lee los siguientes comentarios. Luego, después de ver el video, completa los comentarios sobre los entrevistados y sus vacaciones.

C. Lee las preguntas a continuación. Luego, después de ver el video, contesta las preguntas sobre los entrevistados y sus familias.

_____ **1.** Cuando va de vacaciones, a Lisette le gusta viajar en ______.
a. avión **b.** omnibús **c.** carro

_____ **2.** La última vez que Lisette fue de vacaciones fue a ______.
a. Madrid **b.** Ica **c.** Cajamarca

_____ **3.** Durante las vacaciones, Lisette ______.
a. visitó a los lugares turísticos
b. fue a un concierto
c. fue a un picnic

_____ **4.** A Paola le gusta viajar en bus porque le gusta______.
a. mirar los animales **b.** mirar los paisajes **c.** dormir

_____ **5.** La última vez que Paola fue de vacaciones, fue ______.
a. con su familia **b.** sola **c.** con las amigas

_____ **6.** La última vez que Paola fue de vacaciones, _____.
a. fue a México **b.** jugó al tenis **c.** visitó a su familia

Respuestas para las actividades

Capítulo 1

◆ La sílaba

A. **1.** casa, 2 sílabas
2. silla, 2 sílabas
3. hablamos, 3 sílabas
4. jabón, 2 sílabas
5. sábana, 3 sílabas
6. puerta, 2 sílabas
7. montón, 2 sílabas
8. vitrina, 3 sílabas
9. vaso, 2 sílabas
10. independiente, 5 sílabas
11. colores, 3 sílabas
12. lapicero, 4 sílabas
13. camarero, 4 sílabas
14. tren, 1 sílaba
15. pelo, 2 sílabas
16. ojo, 2 sílabas
17. narices, 3 sílabas
18. vestido, 3 sílabas
19. pantalones, 4 sílabas
20. rápidamente, 5 sílabas

◆ Las vocales

A. Answers will vary. Possible answers:

	Stressed	**Unstressed**
a	claro, sábana	coma, sábana, cortina, mesa, piscina
e	sartén, mesa, leche	leche, hermana
i	cortina, piscina, pila	piscina, escritorio
o	jabón, esposo	cortina, claro
u	uva, jugo	juntar, jugar

◆ Los diptongos

A. **1.** fui
2. luego
3. tiene
4. vio
5. deuda
6. huevo
7. cuatro
8. veinte
9. neutro
10. lengua
11. traigo
12. flauta

◆ Los dígrafos y los grupos consonánticos

A. **1.** prender
2. frasco
3. claro
4. agrio
5. abrir
6. engrudo
7. frío
8. frito
9. pleno, freno
10. traer
11. inflar
12. aprecio
13. drama, grama
14. programa, proclama
15. hablar

◆ El acento diacrítico

A. **1.** sé
2. té
3. de
4. se
5. más
6. dé
7. mi
8. sí, si

B. 1. Qué
2. quien
3. Cuándo
4. Quién
5. que
6. Cuando
7. Cuánto

◆ El acento ortográfico

A. 1. decisión
2. martes
3. Márquez
4. andén
5. trenes
6. examen
7. cuarto
8. saber
9. día
10. encía
11. gradúa
12. papel

◆ Los sustantivos

A. mamá, papá, sándwiches, cesto
hijos, toallas, trajes, bloqueador, baúl, coche
autopista, tránsito
playa, voleibol, océano, sol
comida, casa
día

◆ Los verbos

A. 1. a.
2. d.
3. b.
4. c
5. e

B. 1. plural
2. plural
3. plural
4. plural
5. singular
6. singular

◆ Los adjetivos

A. 1. a.
2. c.
3. b.
4. d.

◆ Los adverbios

A. Answers will vary. Possible answers:
temprano, ¿cuándo?
primero, ¿cuándo?
rápidamente, ¿cómo?
por fin, ¿cuándo?
luego, ¿cuándo?

◆ Los pronombres

A. 1. Lo, libro
2. la, tarea
3. le, Pilar
4. ella, Jimena

◆ La oración: el sujeto y el predicado

A. 1. Mi hermana escribe una carta.
2. Mis abuelos tienen una casa grande.
3. Los profesores fueron a la oficina.
4. La clase terminó a las tres.
5. Estos libros son interesantes.
6. Los niños jugaban con los gatos.

◆ GeoVisión

Antes de ver

A. Las oraciones van a variar.

Después de ver

B. 1. c
2. a
3. d
4. b

◆ VideoCultura

Antes de ver

A. Las listas y explicaciones van a variar.

Después de ver

B. Las conversaciones van a variar.

Capítulo 2

◆ El género: casos difíciles y excepciones

A. 1. el
2. la
3. el
4. un
5. El
6. Las
7. las
8. el
9. el

◆ La posición y la concordancia del adjetivo

A. 1. un gran hombre
2. la misma persona
3. ciertas cosas
4. una alta posición
5. el aire puro
6. una señora vieja
7. una nueva raqueta
8. la pobre familia
9. la única hija
10. una ocasión propia

B. 1. modernos
2. famosos
3. usados
4. abiertas

◆ Los verbos en *-ar*, *-er* e *-ir*

A. 1. batimos
2. convencemos
3. terminan
4. invertimos
5. nos vestimos
6. cometemos
7. levanto
8. atendemos
9. competimos
10. trabajamos
11. servimos
12. dormimos
13. desobedecemos

◆ Los verbos con cambios en la raíz

A. **1.** almorzamos
2. queremos
3. podemos
4. volvemos
5. probamos
6. empezamos
7. despertamos
8. jugamos
9. nos sentimos
10. preferimos

B. Answers will vary. Possible answers:
1. Mamá atiende a Abuelita.
2. Yo almuerzo con unos compañeros.
3. Mis hermanos vuelven tarde a casa.
4. Tú juegas al ajedrez.
5. Todos nosotros comenzamos una clase de fotografía.
6. Mi abuelo repite el mismo horario de siempre.

◆ Las formas verbales de la segunda persona

A. **1.** escuchás
2. Sois
3. debés
4. querés
5. tenéis
6. queréis
7. tenés
8. coméis
9. sos
10. Lleváis

◆ Las formas del imperfecto

A. **1.** dormía
2. queríamos
3. tenían
4. te caías
5. traía
6. íbamos
7. pedía
8. decía
9. veían
10. podía

◆ Las formas del pretérito

A. **1.** hiciste
2. pidieron
3. vinimos, supimos
4. durmió, dormí
5. anduve
6. recibiste
7. trajo
8. escribimos
9. saqué
10. hablamos

◆ GeoVisión

Antes de ver

A. Las listas van a variar.

Después de ver

B. Los mapas pueden incluir: el océano Atlántico, el mar Caribe, Islas Vírgenes, República Dominicana/Haití, Cuba, Jamaica, Antigua y Barbuda

C. **1.** capital
2. fortalezas
3. bosque
4. observatorio
5. playas

◆ VideoCultura

Antes de ver

A. Los adjetivos van a variar.

Después de ver

B. Andrea: alegre, divertida, inteligente
Luis: alegre, gracioso, moreno, simpático

C. Las definiciones van a variar.

Capítulo 3

Antes de leer

¿Opinión o dato?

1. D
2. O
3. D
4. D
5. O
6. O
7. D
8. O

◆ Vocabulario

acuático, acuarela, acuario
arena, arenoso, arenal
escondite, esconder, escondidas
calor, caluroso, caliente
naturaleza, natural, nativo

1. terror
2. natación
3. durmiente
4. vejiga
5. televidente
6. lecho

◆ Comprensión

A. Dos; (1) Desde Miami Beach a Haulover Beach Park existe una playa arenosa de 300 pies de ancho y 10 millas de longitud; (2) Esta playa es artificial—creada completamente por el hombre.

B. Respuestas posibles: (1) El verano en Miami es espectacular; (2) El ritmo de vida en las playas de Miami es muy lenta.

C. No.

D. Sí; (1) Miami es una ciudad de lluvia y días de hotel largos y aburridos.

E. Once. Respuestas posibles: (1) Entre las ciudades más grandes de la Florida, Miami ocupa el segundo lugar. (2) El nombre Miami se deriva de Mayaimi.

F. Dos. (1) Miami es una ciudad con una historia fascinante y un presente vibrante. (2) Es el sitio ideal para las vacaciones.

G. Sí. Respuestas posibles: (1) atrae a diez millones de turistas cada año; (2) en Miami en marzo (hay) el Festival de la Calle Ocho.

H. Sí. Respuestas posibles: (1) Hay actividades y diversiones para cualquier gusto; (2) Miami es un paraíso de comidas internacionales.

I. El ensayo de Alberto contiene el mayor número de datos. El de Juan contiene el mayor número de opiniones. El de Gloria presenta el mejor balance entre datos y opiniones.

J. Juan. Adriana.

◆ ¿Qué piensas tú?

1. Las respuestas van a variar.
2. El ensayo de Alberto fue el más informativo, el de Adriana el menos informativo.
3. Las respuestas van a variar, pero los estudiantes deben mencionar que un buen balance de datos y opiniones resulta en una lectura informativa e interesante.
4. Las respuestas van a variar.

◆ Ortografía

A. 1. Hoy, ha, huipil
2. olla, hora, huele
3. Hay, horrible, humo
4. historiadores, hallar, huesos, herramientas, hierro
5. hospedan, honrados, honestos
6. hondo, hermoso
7. a, hace, olas
8. hora, ha, a

B. 1. j
2. d
3. f
4. c
5. b
6. h
7. g
8. e
9. a
10. i

C. Las respuestas van a variar.

◆ Gramática

A. 1. levantarse, irse
2. nadar, tomar, hacer, jugar
3. regresar
4. alquilar, ir
5. poder
6. pasar
7. mirar, escuchar, jugar, leer, escribir, llamar, jugar, hacer, nadar

B. 1. Referirse a una acción en un futuro próximo.
2. Hablar de un acción que comenzó en el pasado y aún continúa.
3. Referirse a una acción habitual que se repite.
4. Hablar de una acción que sucede en el momento inmediato o en la época en que se habla.
5. Referirse a una acción en un futuro próximo.
6. Referirse a una acción habitual que se repite.

C. Las respuestas van a variar.

◆ Vamos a escribir

A., B., C. Las composiciones van a variar.

◆ La vida profesional

A., B., C. Las respuestas y las composiciones van a variar.

◆ GeoVisión

Antes de ver

A. Las imágenes van a variar.

Después de ver

B. 1. Hay una influencia francés en el arte de Texas.
2. La famosa misión de San José en San Antonio.
3. La bandera de México

C. 1. b (falsa)
2. a (cierta)
3. b (falsa)
4. b (falsa)
5. b (falsa)

◆ VideoCultura

Antes de ver

A. Las actividades van a variar.

Después de ver

B. Rita: acampar, jugar (a pelota, a fútbol, etc.), hacer fogatas, nadar, ver películas

Roberto: jugar (a pelota, a fútbol, etc.), nadar

Celina: correr, jugar (a pelota, a fútbol, etc.), platicar

C. 1. la clase de matemáticas
2. estudiar
3. pasar el rato sola

Capítulo 4

Antes de leer

¿Por qué?

1. d
2. e.
3. a.
4. c.
5. b.

◆ Vocabulario

paciente, perezoso, cariñoso, desorganizado, deshonrado, leal

creativo, admirable

◆ Comprensión

A. Roque es guapo, pelirrojo y bajo.

B. A Roque le gusta leer las tiras cómicas de los superhéroes del planeta Zirconio.

C. Cometa es un perro enorme, cariñoso y no muy listo.

D. Roque necesita dinero para comprar más aparatos intergalácticos.

E. Roque le pregunta a su mamá si ella le puede pagar por hacer los quehaceres.

F. Su mamá le dice que no, muy enojada.

G. Roque tiene que lavar los platos.

H. Le grita porque hay un océano de espuma de jabón saliendo del lavaplatos.

I. Roque tiene que trapear el suelo.

J. Tiene que darle de comer a Fénix, el perico.

K. Fénix tira las semillas y los cacahuates directamente a la cabeza de Roque.

L. La jaula se cae al suelo.

M. Roque tiene que pasar la aspiradora.

N. Tiene que sacar la basura.

O. Roque ve un OVNI.

P. Cometa ladra y asusta al gato que corre y tumba el basurero. Hacen mucho ruido y desparraman la basura por el jardín.

Q. Roque tiene que recoger la basura.

◆ ¿Qué piensas tú?

1. Roque. El último párrafo indica que el narrador es Roque a los 42 años.
2. Las respuestas van a variar.
3. Las respuestas van a variar.

◆ Ortografía

A. 1. Leyeron, reyes
2. batalla, destruyó, muralla
3. ya, proyecto, creyeron
4. cayó, caballo, tobillo, yeso
5. cuchillo, cebolla, mantequilla
6. relleno, lleva, yema, vainilla
7. callaron, llegó, yerno

◆ Gramática

A. 1. estaba, me levantaba
2. nadaba, tenía
3. íbamos, viajábamos
4. eran, nos divertíamos
5. gustaban, me ponía
6. venían, sacaba
7. competía, alentaban
8. volvía, preparaba

B. Mis amigos y yo **lo pasábamos** de lo mejor. De vez en cuando **nos veíamos** los viernes por la noche, pero generalmente el sábado es nuestro día preferido. Aunque alguno de nosotros **trabajaba**, ya para las seis **estábamos** todos juntos. Normalmente **pasábamos** toda la tarde escuchando música, y cada uno **traía** sus discos compactos favoritos, especialmente los nuevos. A eso de las siete ya **salíamos** a comer a uno de nuestros lugares favoritos. **Nos gustaba** mucho el restaurante colombiano de la esquina. También **íbamos** al café de la plaza porque allí casi siempre **nos encontrábamos** con otros amigos.

◆ Vamos a escribir

A., B., C. Las composiciones van a variar.

◆ La vida profesional

A., B., C. Las composiciones van a variar.

◆ GeoVisión

Antes de ver

A. Las conversaciones van a variar.

Después de ver

B. un bosque, unas montañas, un parque, un cráter, una estatua, una plantación de café, una iglesia, una playa, un jardín, unas ruinas

C. 1. primer
2. la biodiversidad
3. La agricultura
4. presidente
5. la exportación

◆ VideoCultura

Antes de ver

A. Las respuestas van a variar.

Después de ver

B. Sol: ciencias, educación física, historia/ciencias sociales, lengua, matemáticas, música

Jasna: ciencias, español (castellano), historia/ciencias sociales, lengua

Julio: español (castellano), historia/ciencias sociales, lengua, matemáticas

C. 1. c
2. b
3. a

Capítulo 5

Antes de leer

La palabra más importante.

1. permiso
2. favor
3. negociar
4. chantajea
5. lava
6. castiga

◆ Vocabulario

1. tele-novela, *television + novel, soap opera*
2. saca-puntas, *to take out + points, pencil sharpener*
3. lava-platos, *to wash + plates, dishwasher*
4. para-aguas, *for + water/rain, umbrella*
5. para-sol, *for + sun, parasol*
6. sin-número, *without + number, infinite*
7. guarda-bosques, *to guard + forests, forest ranger*
8. pela-papas, *to peel + potatoes, potato peeler*
9. lava-manos, *to wash + hands, sink*
10. para-choques, *for + crashes, bumper (of a car)*
11. para-caídas, *for + falls, parachute*
12. sobre-cama, *on top of + bed, bedspread*
13. sabe-lo-todo, *to know + it + all, a know-it-all*
14. en-hora-buena, *in + hour + good, congratulations*
15. para-brisas, *for + wind, windshield*

◆ Comprensión

A. Olivia y Gustavo hablan por teléfono.
B. Hablan de la venta de galletas para el Club de Drama.
C. Olivia le pide un favor a Gustavo.
D. Ir a la casa de Olivia para hacer las galletas.
E. Sí, Gustavo acepta hacerle el favor a Olivia pero con condiciones.
F. Sí, salen bien las galletas
G. Verónica entra a la cocina.
H. Verónica sabe que usaron el horno porque está caliente.
I. Gustavo le ofrece a Verónica una galleta.
J. Verónica chantajea a Olivia.
K. Olivia tiene que hacer los quehaceres de Verónica y lavar su ropa.
L. Abren las ventanas y ponen los abanicos.
M. Las hermanas hacen la tarea.
N. El padre de Olivia quiere saber por qué Olivia lava la ropa de Verónica.
O. Verónica dice que Olivia le debe un favor.
P. Olivia dice que Gustavo usó la estufa, no ella.
Q. No pueden ver la tele por tres semanas; Verónica tiene que hacer sus quehaceres y lavar su ropa; Olivia no puede ir a la venta de galletas.
R. Verónica, Gustavo y sus padres.
S. Olivia cree que no es justo.

◆ ¿Qué piensas tú?

1. Las respuestas van a variar.
2. Las respuestas van a variar.
3. Las respuestas van a variar.

◆ Ortografía

A. 1. advirtió, iba, llover, nevar, horrible
2. envió, valientes, combate, vivo, batalla
3. Pobre, habría, viaje, busca, hubiera, sabido, problemas, esperaban
4. sabía, embajadora, escribía, novelas, bajo, nombre
5. privados, virrey, andaban, caballo, vestían, verde, blanco

B. 1. vasta, Olivia
2. vienes, Olivia
3. a ver, Verónica
4. botar, Verónica
5. sabia, Olivia
6. tuvo, Olivia

C. Las respuestas van a variar. Algunas palabras:

5 palabras con **v**: sinvergüenza, Gustavo, verano, servir, equivocada

5 palabras con **b**: bajo, también, prohibieron, fútbol, gabinetes

◆ Gramática

A. **1.** ella sacó, yo saqué, nosotros sacamos
2. tú estuviste, Julio estuvo, yo estuve
3. yo vine, Fernanda vino, tú y Laura vinieron
4. él dijo, ellas dijeron, yo dije
5. Tú hiciste, Susano hizo, tus hermanos hicieron
6. nosotros pedimos, yo pedí, ellos pidieron
7. él se fue, yo me fui, ustedes se fueron
8. ella fue, nosotras fuimos, tú fuiste
9. ellos pudieron, tú pudiste, Patricia pudo

B. **1-10.** Las oraciones van a variar.

◆ Vamos a escribir

A. Las respuestas van a variar. Posibles respuestas:
1. Olivia no puede usar la estufa en la cocina sin la supervisión de un adulto.
2. Olivia llama a Gustavo para pedirle un favor.
3. Gustavo hace las galletas.
4. Limpian la cocina cuando entra Verónica.
5. Verónica chantajea a Olivia.
6. El padre de Olivia quiere saber por qué Olivia lava la ropa de Verónica.
7. Verónica entra al cuarto de lavar mientras su padre interroga a Olivia.
8. Olivia confiesa.
9. El padre castiga a las dos chicas.
10. Todos están furiosos con Olivia.

B. Los resúmenes van a variar.

C. Las respuestas van a variar.

◆ La vida profesional

1. o.
2. b.
3. j.
4. g.
5. n.
6. p.
7. m.
8. f.
9. h.
10. a.
11. c.
12. i.
13. l.
14. k.
15. e.
16. d.
17. q.

◆ GeoVisión

Antes de ver

A. 2, excursión de esquí, 3. montañas nevadas, 4. desierto, 5. playas, 6. ruinas antiguas, 8. glaciares

Después de ver

B. Las respuestas van a variar.

C. **1.** d
2. h
3. a
4. b
5. f
6. c
7. g
8. e

D. Las comparaciones van a variar.

◆ VideoCultura

Antes de ver

A. Las listas van a variar.

Después de ver

B. 1. a
2. b
3. b
4. c
5. c
6. c
7. a
8. b

Capítulo 6

Antes de leer

Yo pienso que... Las respuestas van a variar.

◆ Vocabulario

Las respuestas van a variar. Respuestas posibles:

-cc-/-c-	acomodan, preocupen
-e-/-ia, -io	ciencia(s)
-mm-/-nm	inmediatamente
-ph/ -f-	fenomenal, enfática
-tion/-ción	situación, fascinación
-ty/-tad, -dad	facilidad
-y-/-ia, -io	contrario, historia, remedio

◆ Comprensión

A. Gustavo

B. Tiene que servir los platos y fingir que es la cocinera.

C. Al narrador le gusta cocinar.

D. Cree que se van a burlar de él.

E. De ver a su abuela cocinar desde niño.

F. Olivia le puede hacer reír aunque esté de mal humor.

G. Olivia tiene que sacar los nachos del horno, menear el chile con carne, ponerle el queso blanco a los frijoles refritos y calentar las tortillas.

H. Piden algo de comer.

I. Quieren irse a la casa de Arnulfo.

J. No. Ellos creen que Olivia es una mala cocinera.

K. Aceptan que Olivia puede cocinar pero no puede ver el partido con ellos.

L. Gustavo descubre que las cosas no van bien.

M. Sí. Gustavo puede rescatar la comida.

N. Olivia lee una revista.

O. Miguel descubre que Gustavo es el cocinero, no Olivia.

◆ ¿Qué piensas tú?

1. Sí, es un final feliz. Todos están contentos porque Gustavo sabe cocinar. (Las respuestas pueden variar.)
2. Las respuestas van a variar.
3. Las respuestas van a variar.

◆ Ortografía

A. 1. emoción, felices, nacieron, anochecer, Conversé, parece, varoncitos, lindísimos
2. vecina, nerviosa, padece, insomnio, luces, comenzó, voces, zapato, casa, grisáceo, sótano
3. paciencia, sesión, negociantes, Zelanda, sala, conferencias, portazo, mentirosos, educación, situación, delicadísima
4. Parece, visión, conducir, proceso, necesita, anestesia, cirujano, aconsejó, hiciera, posible

◆ Gramática

A. **1.** visitábamos, mimaba
2. Empezó, continuó
3. fuimos, almorzamos
4. estuvo
5. Quería, tuve
6. jugaban, cayó
7. sentían
8. estuvo

B. **1.** pasé
2. llegué
3. esperaban
4. paramos
5. estuvo
6. conocían
7. invitaron
8. llevaron
9. había
10. nos fuimos
11. estuve
12. nos divertimos

◆ Vamos a escribir

A. Las respuestas van a variar.

B. Los párrafos van a variar.

◆ La vida profesional

Los currícula van a variar.

◆ GeoVisión

Antes de ver

A. Las oraciones van a variar.

Después de ver

B. **1.** e
2. b
3. a
4. d
5. f
6. c

◆ VideoCultura

Antes de ver

A. Las respuestas van a variar.

Después de ver

B. **1.** b.
2. c.
3. a.

C. **Paula:** El moro de gandules con pescado
Sofía: El gallo pinto
Anjélica: Los chiles en nogada

Capítulo 7

Antes de leer

En orden: Las respuestas pueden variar. Posibles respuestas:

Secuencia temporal: primero, después de, luego, antes de, por fin

Estaciones: primavera, verano, otoño

En una semana: fin de semana, mañana, hoy, el domingo

En un día: por la tarde, por la noche

◆ Vocabulario

A. dar ansias, dar un ultimátum, dar una mirada, dar un beso

B. Las oraciones van a variar.

◆ Comprensión

A. El narrador es el papá de Verónica y Olivia.

B. El papá no entiende por qué su hija no puede mantener su cuarto en orden.

C. En el cuarto de su hija existe una montaña de ropa sucia.

D. El narrador decide darle un ultimátum a su hija.

E. Su hija tiene que lavar su ropa y guardarla en dos días. Si no lo hace, va a llevar su ropa a *Goodwill.*

F. Verónica saca buenas notas y le gustan las ciencias y las matemáticas.

G. Va a correr con su amigo Ricardo.

H. Los señores hablan de sus hijas.

I. El motivo va a ser un chico.

J. El señor Aguirre piensa que el Monstruo es preferible a un chico.

K. El señor Aguirre oye un silencio profundo.

L. Verónica está en la casa de su amigo Miguel.

M. El sábado, el señor Aguirre se va a la oficina a trabajar. El domingo lo pasa fuera de casa. El lunes por la mañana, él se levanta temprano y va al cuarto de Verónica.

N. El señor Aguirre encuentra el Monstruo más grande que nunca.

O. El señor Aguirre encuentra un *diskette.*

P. El Monstruo está en cinco bolsas de basura en el baúl del carro del señor Aguirre.

◆ ¿Qué piensas tú?

1. Las respuestas van a variar.
2. Las respuestas van a variar.
3. Las respuestas van a variar.

◆ Ortografía

A. quiere, fresca, Aquí, queso, cabra, exquisito, Rico, cocinar, calabaza, caliente, carne, riquísimo, calidad, descuentos, mariscos, pescado, quinientos, kilo, camarones, picnic, barbacoa, liquidación, cubiertos, plástico, queda, cerquita, kilómetro

B.
1. rica, riquísima
2. chiquito, chicos
3. saco, saqué
4. acerques, aquí, cerca
5. explique, explicó
6. atrancada, atranqué
7. toqué, tocado
8. chocó, choque

◆ Gramática

A.
1. dejes, imperativo
2. come, indicativo; Come, imperativo
3. saben, indicativo
4. gane, subjuntivo
5. ve, imperativo
6. estudie, subjuntivo
7. llegue, subjuntivo
8. está, indicativo

B.
1. puedo, indicativo; sea, subjuntivo
2. me quiten, subjuntivo
3. Escucha, imperativo; voy, indicativo
4. anda, imperativo; levántate, imperativo
5. hagas, subjuntivo
6. saca, indicativo
7. salga, subjuntivo
8. sea, subjuntivo

C. Las oraciones van a variar.

◆ Vamos a escribir

A., B., C. Las composiciones van a variar.

◆ La vida profesional

Las cartas van a variar.

◆ GeoVisión

Antes de ver

A. Las oraciones van a variar.

Después de ver

B. 1. Rosada
2. tierra
3. montaña
4. turistas
5. símbolo

◆ VideoCultura

Antes de ver

A. Las definiciones van a variar.

Después de ver

B. Miguel: correr, hacer deportes, hacer gimnasio acrobático
Ivania: caminar, correr, ir al gimnasio
Anais: ir al gimnasio, nadar

C. Miguel: escuchar música, leer
Ivania: hablar con amigos, leer, salir a pasear
Anais: hacer yoga, hacer meditación

Capítulo 8

Antes de leer

A. Compara o contrasta. Las oraciones van a variar.

B. En su lugar… Las oraciones van a variar.

◆ Vocabulario

Las palabras van a variar. Algunos ejemplos del cuento:

co-, co-, con-	consecuencia, compasión, convertido
de-, des-	descuido, desaparece, deschavetada, desesperadamente
em-, en-	enfrente
i-, im-, in-	incapacidad, infeliz, inesperado
inter-	Internet, intercambiando
pre-	pretexto

◆ Comprensión

A. Verónica Aguirre

B. Llega tarde a clase y se le olvida llevar su cuaderno con su tarea de matemáticas. También se duerme en la clase de inglés.

C. Se encuentra con su mejor amiga Laura.

D. Piensa que son desastres.

E. Quiere saber si Verónica habló con Miguel.

F. No le queda bien y la hace sentirse fea.

G. Si es posible transformar una amistad en una relación romántica.

H. Verónica y Miguel son buenos amigos pero ahora Verónica quiere salir en una cita con Miguel.

I. Sabe que a Verónica le gusta Miguel y que a ella le interesa salir con Miguel.

J. Los chicos creen que es imposible transformar una amistad en una relación romántica y las chicas creen que sí es posible.

K. Miguel

L. Quiere saber si Verónica tiene su *diskette.*

M. Deciden encontrarse enfrente del gimnasio después de las clases para ir a la casa de Verónica a buscar el *diskette.*

N. Ahora va a tener la oportunidad de hablar con Miguel.

O. Quiere animarla a hablar con Miguel sobre su relación.

P. Ve que su montón de ropa no está en el piso.

Q. Empieza a gritar.

R. Miguel y la mamá de Verónica.

S. Miguel va a la cocina.

◆ ¿Qué piensas tú?

1. Piensa que Miguel nunca la va a perdonar por perder su *diskette.* (Las respuestas pueden variar).
2. Las respuestas van a variar.
3. Las respuestas van a variar.

◆ Ortografía

A. 1. pasajeros, enojaron, agente, viajes, dijo, equipaje
2. ejercicios, álgebra, geometría, corrijamos
3. julio, trajeron, geranios, girasoles, jardín
4. Eligieron, consejo, originales, trabajadora, inteligente
5. homenaje, general, ejército, elogió, sargento, emergencia
6. ingeniera, arqueología, geología
7. dibujo, imaginación, genial
8. contradijo, jefa, urgente, fijar
9. viajero, alojó, refugio, agujero, energías

◆ Gramática

A. 1. vengan mañana por la mañana/nos llamen por teléfono/vayan a la oficina
2. juegues a unos juegos/la uses para hacer la tarea/escribas una carta electrónica
3. apagues la radio/vayas al mercado/conduzcas con cuidado
4. llegue a casa/regrese de la biblioteca/sepa algo
5. estudie/se acueste más temprano/les pida ayuda a los maestros
6. siga nevando/empiece a llover/haga mucho frío
7. salga de la escuela/termine de trabajar/me despierte
8. se divierta/tenga amigos/tome las cosas con calma

◆ Vamos a escribir

A. a. 3
b. 7
c. 1
d. 4
e. 8
f. 5
g. 2
h. 6

B. Las listas van a variar.

C. Las descripciones van a variar.

◆ La vida profesional

Las cartas van a variar.

◆ GeoVisión

Antes de ver

A. 1. b
2. a
3. a

Después de ver

B. 1. a (cierta)
2. b (falsa); La Florida es el cuarto estado más grande de Estados Unidos.
3. b (falsa); La Florida se hizo estado permanente de Estados Unidos en 1868.
4. b (falsa); El explorador Juan Ponce de León reclamó la Florida en nombre de España.
5. b (falsa); La Florida es famosa por un clima soleado, playas y naranjas.

◆ VideoCultura

Antes de ver

A. Las listas van a variar.

Después de ver

B. Los X van a variar.

C. Dayana: música, ropa, zapatos
Miriam: ropa
Pedro: música, ropa

D. Dayana: comer, encontrarse con amigos y charlar
Miriam: comer, ir al cine
Pedro: dar una vuelta

Capítulo 9

Antes de leer

El narrador

1. Sr. Aguirre, c
2. Gustavo, b
3. Olivia, a
4. Verónica, d

◆ Vocabulario

1. considerándolo
2. inquietante
3. excitada
4. triste

◆ Comprensión

A. Miguel

B. Quiere invitar a su amiga Verónica al baile pero no sabe cómo hacerlo.

C. Arnulfo dice que Miguel debe darle a Verónica algo.

D. Decide darle un *diskette* a Verónica.

E. Verónica empieza a gritar como loca.

F. No

G. Su papá llevó su ropa a *Goodwill.*

H. Siente un poco de alivio.

I. Quiere ir a *Goodwill.*

J. Quiere saber por qué van a *Goodwill.*

K. Que su *diskette* está dentro de la ropa que su papá llevó a *Goodwill*

L. Que el *diskette* no vale nada

M. Que debe confesarle la verdad a Verónica

N. No

O. Le da el *diskette* de Miguel.

P. Lo mete en su computadora para asegurar que la tarea de Miguel está intacta.

◆ ¿Qué piensas tú?

1. Las respuestas van a variar.
2. Las respuestas van a variar.
3. Las respuestas van a variar.

◆ Ortografía

A. **1.** profesor, borrar, pizarrón, corregir, tareas, entregaron, encontró, varios, errores

2. derrota, fuerzas, contrarrevolucionarias, guerrero, herido, socorro, arrastró, arbusto, arroyo

3. ladrón, embargo, interrogaron, corriendo, cachorros, perros, raza

4. pastelería, mejores, barrio, servicio, horrible, terraza, gustaría, arroz, fresa

5. catedral, descubrieron, órgano, roto, forrados, retrato, virrey, firmado, costarricense

B. **1.** cerro

2. carro, caro

3. coro, corro

4. ahorra, ahora

5. enterar, enterraron

6. Mira, coral

7. fiero, corral

8. quería, querría

◆ Gramática

A. **1.** están; indicativo; un hecho

2. hable; subjuntivo; influencia

3. sea; subjuntivo; negación

4. domina; indicativo; un hecho

5. podamos; subjuntivo; emoción

6. haya; subjuntivo; duda

7. llevemos; subjuntivo; voluntad

8. van; indicativo; un hecho

B. **1.** está

2. encanta

3. vaya

4. lleve

5. hable

6. tenga

7. se encuentra

8. está

9. tiene

10. es

◆ Vamos a escribir

A. Los diálogos van a variar.

B. Las composiciones van a variar.

◆ La vida profesional

1. *tab key:* tecla de tabulación

2. *shift lock key:* tecla seguro de mayúsculas

3. *function key:* tecla de función

4. *delete key:* tecla de supresión

5. *return key:* tecla de aceptación

6. *control key:* tecla de servicio

7. *shift key:* tecla de mayúsculas

8. *command key:* tecla de mando

9. *alphanumeric keyboard:* teclado alfanumérico

10. *space bar:* barra espaciadora

11. *cursor movement keys:* teclas direccionales

12. *numeric keypad:* teclado numérico

13. *enter key:* tecla de entrada

◆ GeoVisión

Antes de ver

A. **1.** imitar

2. estilo

3. ocupa

4. colección

5. segundo

Las oraciones originales van a variar.

Después de ver

B. **1.** Quisqueya

2. Sammy Sosa

3. anfiteatro

4. Taíno

5. Iguanas

6. cascada

7. ciudad

◆ VideoCultura

Antes de ver

A. Los párrafos van a variar.

Después de ver

B. **1.** c.
2. b.
3. a.
4. b.
5. a.
6. c.

Capítulo 10

Antes de leer

Definiciones.

1. El ambiente
2. la caracterización
3. El clímax
4. el conflicto
5. El diálogo
6. el desenlace
7. El punto de vista
8. el tema

◆ Vocabulario

1. d.
2. f.
3. c.
4. b.
5. a.
6. e.

◆ Comprensión

A. Laura, la mejor amiga de Verónica

B. Verónica y Miguel

C. Romeo y Julieta

D. Dice que Miguel usó el *diskette* como un pretexto para hablar a solas con Verónica. Dice que Miguel quiere invitar a Verónica al baile.

E. Debe escribir una nota anónima.

F. Para darle un aire de misterio; porque una nota anónima le intrigaría a cualquier chico.

G. El clavel

H. Laura

I. No

J. Se encuentran con Miguel y Arnulfo.

K. Dicen que van a la práctica de fútbol.

L. No lo cree porque van en la dirección opuesta al campo de fútbol.

M. La pasaron buscándole un vestido a Verónica para el baile.

N. Verónica le da el clavel rojo.

O. Porque Arnulfo la vio poner la nota en el lóquer; porque tiene el clavel rojo en la mano

P. Se va corriendo hacia la salida.

Q. Le grita a Verónica que se lleve su clavel.

R. Miguel

◆ ¿Qué piensas tú?

1. Las respuestas van a variar.
2. Las respuestas van a variar.
3. Sí, porque Miguel y Verónica por fin están juntos. (Las respuestas pueden variar.)

◆ Ortografía

A. **1.** comisión
2. anotación
3. conmemorar
4. inmigración
5. comunicar
6. gramática
7. anual
8. acomodar
9. aniversario
10. inmediato

B. **1.** niño
2. caña, cana
3. cena
4. puño
5. español
6. baño
7. señor
8. llano
9. leña
10. fino

C. **1.** menudo, compras, en, mercado
2. En, México, un
3. dependiente, en, una, tienda, elegante
4. señor, Núñez, una, piñata, cumpleaños, niña

◆ Gramática

A. **1.** cumplida; indicativo; ya pasó
2. futura; subjuntivo; no ha pasado
3. cumplida; indicativo; ya pasó
4. futura; subjuntivo; no ha pasado
5. futura; subjuntivo; no ha pasado
6. acción habitual; indicativo
7. futura; subjuntivo; no ha pasado
8. futura; subjuntivo; no ha pasado

B. **1.** mandaron; indicativo; ya pasó
2. dé; subjuntivo; no ha pasado
3. conozca; subjuntivo; no ha pasado
4. terminen; subjuntivo; no ha pasado
5. visitamos; indicativo; ya pasó
6. lleguen; subjuntivo; no ha pasado
7. diga; subjuntivo; no ha pasado
8. deje; subjuntivo; no ha pasado

C. Los párrafos van a variar.

◆ Vamos a escribir

A. Los ejemplos van a variar.
B. Los cuentos van a variar.

◆ La vida profesional

Las respuestas van a variar.

◆ GeoVisión

Antes de ver

A. Las oraciones van a variar.

Después de ver

B. **1.** f.
2. h.
3. e.
4. b.
5. g.
6. a.
7. d.
8. c.

◆ VideoCultura

Antes de ver

A. Las respuestas van a variar.

Después de ver

B. **1.** b.
2. c.
3. a.
4. b.
5. a.
6. c.